Salvatore Primiceri

ETICA E GIUSTIZIA DEL BUONSENSO

Edizione unica, aggiornata e integrata

Saggio introduttivo di
Federico Reggio

pe

Primiceri Editore

Premessa all'edizione unica

I saggi *"Etica del Buonsenso"* e *"La Giustizia del Buonsenso"* vengono qui raccolti per la prima volta in un volume unico allo scopo di renderne più fluida ed esaustiva la lettura. La prima edizione dell'*Etica* risale al 2015 (una seconda edizione ampliata uscì nel 2016), mentre la prima edizione del volume sulla *Giustizia* venne pubblicata nel 2018, tutte per Primiceri Editore.

L'idea di realizzare un volume unico nasce dal costante e crescente riscontro di interesse nei lettori circa i temi trattati in entrambi i saggi, premiati con riconoscimenti letterari nel corso degli anni e citati in diversi contesti di studio, formativi, giornalistici e di approfondimento.

L'apprezzamento del pubblico è quindi motivo di gratitudine e di soddisfazione, uno stimolo che mi spinge ad andare avanti nella coltivazione e divulgazione della teoria alla base dei due testi. Proprio la convinzione della validità del contenuto che origina e per cui si sviluppa la dissertazione sul *buonsenso* mi impone di perseverare nella ricerca e negli studi al fine di rendere sempre più vivace, interessante e utile l'analisi che ne deriva.

La teoria del buonsenso ha come fine il bene comune, il buono e giusto comportamento degli uomini. Si tratta, quindi, di un mio modesto contributo al benessere collettivo, un piccolo seme basato su un ragionamento propositivo e positivo il cui intento è stimolare, nonché animare, la riflessione e la discussione senza alcuna pretesa di perfezione e verità.

L'occasione di curare l'edizione unica mi è stata, infine, propizia per mettere mano ad alcuni miglioramenti generali all'esposizione. Prima di tutto mi preme ringraziare il prof. Federico Reggio dell'Università di Padova, filosofo del diritto per cui nutro sentimenti di sincera stima e amicizia, il quale, accettando di redigere la prefazione al presente volume, dimostra un interesse verso i miei scritti che mi onora e mi lusinga e che mi responsabilizza svolgere i miei studi con sempre maggior impegno e rigore. La prefazione del prof. Reggio costituisce, perciò, un valore aggiunto notevole che rende questa edizione preziosa quanto un testo inedito.

Inoltre, nell'attività di revisione ho corretto alcuni refusi e imprecisioni, rielaborato in modo più chiaro alcuni periodi, integrato alcune parti. In più, ho aggiunto tre brevi capitoli nella parte dedicata all'*Etica*, opportunamente indicati con una nota tra parentesi sotto i relativi titoli.

Grazie a tutti voi, che avete in mano questo libro, per la fiducia. Spero possiate in esso trovare riflessioni utili per vivere una quotidianità improntata al *buonsenso* e, quindi, alla ricerca della felicità.

Buona lettura.

Salvatore Primiceri

Il buonsenso fra argomentazione, etica e diritto.

Note introduttive a *"Etica e Giustizia del buonsenso"* di Salvatore Primiceri

Buonsenso. Una parola che non poche volte compare nella comunicazione, anche quotidiana: la si trova, ad esempio, in discorsi esortativi ("usa un po' di buonsenso!"), o – forse ancor più spesso – all'interno di constatazioni che ne rilevano, criticamente, l'assenza ("è mancato il buonsenso"). Sta di fatto che il riferimento a questo termine, anche qualora incontri il consenso dell'interlocutore o dell'uditorio, risulta spesso e volentieri tanto evocativo quanto vago. Appare difficile, infatti, tematizzare e ancor più codificare cosa effettivamente implichi – sul piano di comportamenti puntuali – avere, o utilizzare del buonsenso, mentre può risultare forse più semplice constatare quali esiti, sul piano fattuale, siano ascrivibili ad un difetto dello stesso.

Insomma: del buonsenso sembra più facile notare l'assenza che individuare il contenuto o formalizzare stabilmente le possibili implicazioni sul piano pratico. Questo aspetto, in realtà, ci dice già qualcosa sul possibile ruolo *argomentativo* di tale concetto. Evocatività, la capacità di richiamare un certo consenso presso l'uditorio, ma nel contempo la tendenziale vaghezza, sono tutte caratteristiche che fanno pensare al buonsenso come ad un aristotelico *endoxon*: gli *endoxa* sono definibili come opinioni diffuse, comunemente assunte e per ciò stesso idonee a generare consenso intorno a sé[1]. Si tratta, tuttavia, di un concetto non a-

---

[1] Sul concetto di *endoxon* e sul suo ruolo nell'argomentazione retorica, con particolare riferimento al ragionamento giuridico, il riferimento concettuale del presente scritto va ricercato in F. Cavalla, *Topica Giuridica*, in "Enciclopedia del Diritto", Vol XLIV, pp. 720-739; F. Cavalla, *Retorica giudiziale, logica e verità*, in Id. (a cura di), *Diritto, Processo, Verità*, FrancoAngeli, Milano 2007, pp. 1-100; S. Fuselli, *Ragionamento giudiziale e sillogismo. Appunti in margine ad Aristotele*, in F. Cavalla (a cura di), *Retorica, Processo, Verità*, Padova 2005, pp. 151-194, in particolare pp. 170-175. Cfr., altresì, sulle possibili traduzioni del termine 'endoxon', G. Azzoni, *Endoxa e fonti del diritto*, in G. A. Ferrari – M. Manzin (a

problematico, dal momento che la vaghezza intrinseca all'*endoxon* stesso, se da un lato ne favorisce l'ampiezza semantica (e quindi con ciò aumenta anche la probabilità di trovare una base di consenso), dall'altro lato lascia aperto il campo ad una pluralità di interpretazioni ed implicazioni che possono, se ben analizzate, condurre ad esiti non scontati, e, soprattutto, non sempre compatibili fra loro[2]. Questo non deve, tuttavia, condurre a un atteggiamento di sospetto o di svalutazione del valore argomentativo dei concetti dotati di carattere *endossale*, bensì mostra come essi possano costituire un fondamentale punto di partenza per un ragionamento, e propriamente per i ragionamenti tipici del mondo delle c.d. scienze umane, che, non assistite da linguaggio formalizzato, muovono necessariamente da premesse che non sono né univoche né inconstestabili o incontestate. In altri termini, evocatività e vaghezza non sono in se stesse preclusive della possibilità di costituire premesse valide per ragionamenti altrettanto validi, a patto di non 'dare per scontato' il carattere intrinsecamente problematico di tali premesse.

Questo ci dice qualcosa in più sul buonsenso, da un punto di vista del suo valore argomentativo: esso è un concetto problematico; non, tuttavia, nel senso negativo del termine, ma nel senso che è opportuno problematizzarlo, riflettendo sul suo significato e sulle sue possibili implicazioni. Ciò richiede, di conseguenza, la capacità di contestualizzare tale concetto, e di vagliarlo sia su un piano più generale che relativamente alle situazioni specifiche per cui esso viene invocato.

---

cura di), *La retorica fra scienza e professione legale*, Giuffrè, Milano 2004, pp. 123-125.

[2] Emblematica, a questo caso, la nozione di "concetti essenzialmente contestati", coniata da Walter Bryce Gallie, intorno a nozioni – che noi leggiamo come *endoxa* – fortemente evocative ma nel contempo anche ampiamente discusse nel loro significato e nelle loro possibili implicazioni. Cfr. W.B. Gallie, *Essentially Contested Concepts*, in "Proceedings of the Aristotelian Society", vol. LVI, London 1956, ora in M. Black (ed.), *The Importance of Language*, Englewood Cliffs (NJ) 1962, pp. 121-146.

Da questo punto di partenza appare di singolare interesse la proposta di pensiero di Salvatore Primiceri, efficacemente esposta in due volumi *"Etica del Buonsenso"* (2015), e *"La Giustizia del Buonsenso"* (2018), ora riuniti in un unico volume (*Etica e Giustizia del Buonsenso*, 2021), con i quali l'autore conduce a riflettere su questo concetto affascinante e sfuggente, mostrando come esso sia ricco di implicazioni sia sul piano morale che su quello giuridico.

Non si tratta quindi di un semplice richiamo ad un non-meglio-precisato *quid* di cui si sente spesso la mancanza e la nostalgia nel presente: quante volte capita di sentir dire che certi anziani, magari non istruiti sul piano scolastico erano pieni di un *buonsenso* che rendeva sagge le loro parole e prudenti le loro azioni! Come sinora abbiamo cercato di tratteggiare, infatti, il concetto in questione – non a caso proprio perché *endossal*e – appare anche una nozione problematica.

Si badi bene, ciò non implica un'accezione negativa: la problematicità del buonsenso si rivela anche un importante stimolo per chi voglia riflettere su tale concetto, o sul piano pratico, interrogarsi su come avvalersene: esso, infatti, non costituisce un richiamo suscettibile di generare risposte automatiche e univoche, bensì richiede l'attivazione, da parte dell'interprete, di una capacità di interrogarsi e rispondere su cosa 'buonsenso' possa effettivamente significare e implicare. In altri termini, esso comporta *riflessione* e *responsabilità*.

Che la stessa nozione di buonsenso non possa ridursi ad un uso puramente intuitivo di tale termine è provato anche dalla pluralità di definizioni esistenti[3], di cui Primiceri dà ragione nel suo testo, rispetto alle quali egli si avventura offrendone una propria: *"una capacità innata e oggettiva dell'essere umano che, se*

---

[3] Interessante anche la digressione sull'evoluzione linguistica e semantica del termine proposta, per il sito dell'*Accademia della Crusca*, da Vittorio Coletti: https://accademiadellacrusca.it/it/consulenza/che-cosa-significa-e-da-dove-nasce-il-embuon-sensoem/1749

correttamente applicata, può prevenire situazioni di conflitto o gestire e risolvere positivamente controversie di varia natura nell'interesse non solo delle parti ma anche pubblico"[4]. Lasciamo all'Autore il compito di spiegare più diffusamente questa definizione e le sue implicazioni, e ci permettiamo tuttavia già di problematizzarne due termini, con lo scopo di fornire una chiave di lettura che metta a scanso dai possibili pericoli che – soprattutto nel *milieu* contemporaneo – possono evocare concetti come "innato" e "oggettivo".

Pensare che il buonsenso comporti l'attivazione di una facoltà presente in ogni essere umano, in virtù della quale sia possibile condurre a comportamenti che, inequivocabilmente e oggettivamente, possano dirsi "di buonsenso" – ipotesi che ci pare di escludere, con riferimento al prosieguo della proposta argomentativa di Primiceri – è una pretesa che poggia su una serie di assunti indimostrabili (ad esempio, l'idea che vi siano nozioni o valori autoevidenti, che sia accessibile alla ragione umana la conoscenza di una 'norma assoluta' – sia essa etica o giuridica)[5]: si tratta di un errore riconducibile alle contraddizioni tipiche del dogmatismo razionalista[6].

---

[4] S. Primiceri, *Etica e Giustizia del Buonsenso*, Primiceri ed., Padova 2021, p. 32.

[5] Un simile modo di pensare, come evidenzia Harold I. Brown richiede "che pretese razionalmente accettabili siano giustificate, e che la giustificazione proceda da principi razionalmente accettabili in accordo con regole razionalmente accettabili. Ciascuno di questi passaggi conduce ad un regresso all'infinito finché non si trovano regole autoevidenti da cui cominciare, ma queste ancora non sono state trovate, e non v'è ragione di pensare che lo saranno in futuro" (H. I. Brown, *Rationality*, Routeledge, London and New York 1988, p. 77). Si veda, per un approfondimento, M. Williams, *Unnatural doubts: epistemological realism and the basis of scepticism*, Princeton University Press, Princeton 1996.

[6] Come ha osservato un acuto osservatore del dibattito anglosassone fra realismo e relativismo, quale è stato Hilary Putnam, vi è qualcosa che in realtà accomuna, nell'errore, il razionalismo del realista (che noi in questa sede affianchiamo ad una posizione che classicamente si può definire 'dogmatica') e lo scetticismo del relativista: "come il Relativismo, però in modo differente, il Realismo costituisce un tentativo impossibile di vedere il mondo da 'nessun luogo' (*nowhere*). In questa

D'altra parte, pensare che il richiamo al buonsenso abbia un valore meramente suggestivo, mentre in realtà tanto l'idea stessa, quanto le implicazioni di tale richiamo sul piano pratico siano da ritenersi questioni meramente soggettive, totalmente relative, è un'opzione riconducibile all'errore tipico dello scetticismo relativista[7]. Non appare corretto, dunque, nemmeno relegare il buonsenso al piano della mera opinione soggettiva, individuale o frutto di un accordo puramente situazionale fra soggetti che, in un determinato contesto, ritengano di condividere una medesima idea di tale concetto.

Dunque, per evitare la contraddizioni – e i potenziali pericoli – che caratterizzano dogmatismo e scetticismo, sui quali non è possibile in questa sede soffermarsi in dettaglio, è necessario tanto tenersi a distanza dalla pretesa di 'possedere' e 'codificare' la misura

---

situazione è una tentazione affermare "così facciamo il mondo" o "il linguaggio forma il mondo"; tuttavia questa è solo un'altra forma dello stesso errore. Se vi cadiamo, ancora una volta significa che abbiamo visto il mondo come un *prodotto*" (H. Putnam, *Realism with a human face*, Harvard University Press, Cambridge 1992, pp. 28–29).

[7] Anche il relativista, peraltro, ha bisogno di "punti d'appoggio" per sostenere il proprio pensiero, e questi, molto spesso assunti implicitamente, si pongono in contraddizione con gli esiti scettici cui esso conduce. Emblematico quanto osserva Ronald Dworkin, riferendosi alle proposte antifondazionaliste tipiche dello scetticismo relativista post-moderno scrive: "esse sono 'Archimiche' (lett: "*Archimedean*")", poiché "si propongono di sussistere al di fuori di un intero 'insieme di credenze' ("*body of belief*") e di giudicalo come un intero a partire da premesse o attitudini che ad esso non debbano nulla. Ovviamente non possono sussistere da sole (…), perché anche gli 'Archimedici' hanno bisogno di un punto di appoggio (…). Essi devono assumere che qualcosa di ciò che essi stessi pensano (ad un minimo assoluto le loro stesse opinioni sul cosa significhi un buon ragionare) non siano meramente una loro invenzione o un prodotto della loro cultura" (R. Dworkin, *Objectivity and Truth: you'd better believe it*, in "Philosophy & Public Affairs" 25, 2/1996, pp. 87-139, qui p. 88). Cfr., per ulteriori considerazioni sulle contraddizioni dello scetticismo relativista, in particolare nel contesto del dibatto sulla post-modernità, C. O. Schrag, *The resources of rationality. a response to the postmodern turn*, Indiana University Press, Bloomington 1992; W. Slob, *Dialogical rhetoric. an essay on truth and normativity after postmodernism*, Kluwer, Dordrecht 2002.

di ciò che sia e comporti il buonsenso, quanto evitare di elevare a principio ciò che costituisca il *qui ed ora* di una o più volontà particolari: ne consegue che il *riflettere* e il *rispondere*, che abbiamo già individuato come attività strettamente collegate al buonsenso, si accompagnino anche al saper *argomentare*. Affermazioni come "ho agito secondo buonsenso" non sarebbero, dunque, autoconclusive, né sul piano del "ho fatto ciò che oggettivamente è riconducibile a tale nozione", né sul piano del "ciò che ho fatto è, per me, buonsenso, e tanto basta", ma verrebbero necessariamente a invocare una sorta di ipertesto, rispetto al quale il soggetto è chiamato a spiegare che cosa "agire secondo buonsenso" possa significare e implicare, soprattutto se le sue scelte o azioni sono contestate[8].

Il raccordo fra profilo argomentativo e profilo etico si rende a questo punto, a nostro avviso, evidente. Del resto, lo stesso confronto fra dogmatismo e relativismo non è una questione puramente gnoseologica (anche se, sullo sfondo di essa, si pone l'immenso problema della verità e della sua attingibilità da parte dell'essere umano)[9]: come ricordava Agostino nel *Contra Academicos*, dopo aver rilevato le reciproche contraddizioni emerse

---

[8] La ricerca razionale e la volizione, pertanto, devono trovare un punto di raccordo nell'agire responsabile del soggetto. Osserva Franco Chiereghin: Il cognitivista è costretto "a riconoscere che anche la migliore definizione e il miglior argomento non si trasformeranno mai da soli in norme e prescrizioni per l'agire senza l'assenso e la scelta preferenziale che provengono da un'energia di tutt'altra natura da quella del pensiero". Tuttavia, egli nota, "altrettanto accade in campo opposto. Chi afferma il primato dell'arbitrio, privo da ogni ordinamento razionale, per il quale bene e male, valore e disvalore sono solo nomi per esprimere un tenere che si determina in apprezzamenti e rifiuti, è costretto poi ad ammettere che, se si dovesse mantenere fino in fondo l'estraneità dell'arbitrio alla conoscenza, questo, anziché essere manifestazione di libertà, sarebbe espressione di pura casualità" (F. Chiereghin, *Possibilità e limiti dell'agire umano*, Marietti, Genova 2000, pp. 46-47).

[9] Sui risvolti etici, colti nel dibattito contemporaneo, si rinvia, per una prima disamina a: F. Cavalla, *Sul fondamento delle norme etiche*, in G. Angelini, F. Cavalla, E. Lecaldano, *Problemi di etica: fondazione, norme, orientamenti*, Gregoriana, Padova 1990, pp. 142-202; A. Vendemiati, *Universalismo e relativismo nell'etica contemporanea*, Marietti, Genova 2007

nei discorsi dei suoi allievi, il dogmatico *Trigezio* e lo scettico *Licenzio*, *"de vita nostra, de moribus res agitur"*[10].

L'esortazione dell'*Ipponate* ben si applica anche allo sforzo speculativo di Salvatore Primiceri, la cui opera, a nostro avviso, appare pervasa dalla convinzione per la quale la questione del buonsenso sia strettamente incisiva, nel mondo dei comportamenti umani, sulla stessa qualità della vita, con riguardo anche a quei riflessi giuridici che si rendono visibili con riferimento al tema del conflitto e della sua composizione. L'incapacità o la nolontà di ricercare il buonsenso, di informare le proprie azioni e decisioni ad esso, è vista dall'Autore come un fattore che incide in modo significativo sulla vita delle persone e delle relazioni intersoggettive, dando luogo a forme di abuso di potere, di violenza, o di semplice stoltezza, meno grave, quest'ultima, ma pur sempre alquanto costosa sul piano delle conseguenze che da essa possono scaturire.

Sia la conflittualità, sia la capacità di dirimerla in forma controversiale e attenta alle varie dimensioni dell'intersoggettività, possono esser fortemente condizionate, secondo Primiceri, dalla capacità di orientarsi alla ricerca e all'applicazione del buonsenso nelle sue varie declinazioni, sia etiche che giuridiche. Senza mai cadere nel rischio di un suadente quanto vago buonismo, il discorso dell'Autore è anzi caratterizzato da uno slancio etico forte e fiducioso nelle capacità umane di attivare risorse razionali e relazionali volte a prevenire, gestire e comporre l'inevitabile conflittualità insita nelle varie dimensioni dell'intersoggettività, attraverso un esercizio disciplinato di prospettive e attitudini che egli riconduce nel più ampio insieme del buonsenso, ma che integrano *virtutes*; esse, nella classicità, erano viste come *proprie* del *cives*, e, ancor più in particolare, del giurista come *vir bonus dicendi peritus*.

---

[10] Per una rilettura di tale dialogo, con evidenti ricadute anche sul contesto del pensiero contemporaneo, anche giuridico, rinvio a F. Cavalla, *L'origine e il diritto*, FrancoAngeli, Milano 2017.

Il percorso argomentativo di *Etica e Giustizia del Buonsenso* manifesta così non tanto l'attitudine speculativa dell'indagine filosofica in senso stretto, quanto piuttosto un *andamento sapienziale*, che rende la proposta di pensiero fruibile a un pubblico più ampio rispetto a quello del dibattito accademico e professionale: in ciò favorisce un raccordo fra riflessione teorica e dimensione praticata, e nel contempo mostra come l'urgenza di ritrovare un'etica orientata al buonsenso sia qualcosa che tocca persone e società in modo ampio e diffuso. Non mancano, tuttavia, riferimenti filosofici e giuridici che connettono il percorso di Primiceri con una tradizione di pensiero fortemente radicata nella classicità.

Ciò è visibile anche nella parte del suo scritto dedicata alla giustizia, che, pur guardando con attenzione a fenomeni contemporanei come la giustizia riparativa, è informata da una visione che a nostro avviso presenta assonanze con quella *jurisprudentia* che caratterizzava la riflessione della classicità, soprattutto romana, nella quale il diritto non era ridotto né a norma né a tecnica, bensì doveva essere orientato da *virtutes* sia personali che civiche, come, ad esempio, *prudentia, sapientia, aequitas*.

Il merito della parte etica della riflessione di Primiceri è quello di favorire nel lettore un percorso anche autoriflessivo, volto a mettere a fuoco prospettive, attitudini e atteggiamenti capaci di facilitare la ricerca del buonsenso nell'agire pratico: l'umiltà socratica; la sospensione del giudizio, l'attitudine verso la *mesotes* intesa non come compromesso ma come moderazione che invita a rifuggire dalle contrapposizioni polarizzanti. Facoltà che possono essere attivate razionalmente da ogni persona, ma che vanno coltivate in un percorso di *Bildung* personale, e, nel contempo, non appaiono mai riducibili a comportamenti standardizzabili.

Alla luce di ciò, l'idea di buonsenso come qualità innata, e il riferimento a una certa qual oggettività del medesimo – proposti dall'Autore – appaiono rinviare alla distinta ma connessa nozione di *senso comune*, che, per ricordare Vico, può esser intesa come "un giudizio senz'alcuna riflessione, comunemente sentito da tutto un ordine, da tutto un popolo, da tutta una nazione o da tutto il genere umano"[11]. Il tema è così vasto e trasversale nel contesto della storia del pensiero occidentale da non poter essere trattato in questa sede, tuttavia il riferimento a Vico – filosofo caratterizzato da un forte riferimento al *sensus communis* – appare di singolare importanza per interrogarsi sull'origine di quel *consenso*, di quel *comune sentire* cui la nozione stessa fa rinvio[12]. Ci si può chiedere, infatti, se il consenso cui si fa riferimento in questa sede sia un prodotto della volontà umana, o, piuttosto, l'esito di un procedimento di pensiero che conduce ad un comune sentire intorno a determinati contenuti: la domanda, emblematicamente già formulata da Platone nell'*Eutifrone*, sembra riproporre la diatriba fra scetticismo e dogmatismo, le cui note autocontraddizioni potrebbero mostrare il presentarsi di un punto di arresto della riflessione[13]. Eppure non è così: lo stesso Vico, il cui sforzo filosofico è peraltro percorso – dal *De Antiquissima* alla *Scienza Nuova* – dal tentativo di tracciare una *terza via* rispetto alle contraddizioni degli scettici e dei dogmatici, ricorda come la struttura dell'umano è quella di un *finitum quod tendit ad infinitum*, radicando così il *proprium* dell'umano nel suo essere, inconfutabilmente, indigente di verità e, in quanto tale, votato ad una ricerca incessante, da condursi *nella*, *per la*, e *grazie alla*

---

[11] Così la *Degnità XII* de *La Scienza Nuova* di Giambattista Vico (1744).

[12] Sul punto rinvio al fondamentale contributo di Antonio Livi nel contesto del dibattito filosofico contemporaneo: cfr., a titolo meramente esemplificativo, A. Livi, *Il senso comune tra razionalismo e scetticismo*, Massimo, Milano 1992; Id., *La ricerca della verità. Dal senso comune alla dialettica*, Casa editrice Leonardo da vinci, Roma 2005 e Id., *Metafisica e senso comune*, Casa Editrice Leonardo da Vinci, Roma 2010. Si veda, altresì, per una prima rassegna sul concetto di senso comune, E. Agazzi (a cura di), *Valore e limiti del senso comune*, Franco Angeli, Milano 2003.

[13] Per una lettura di tale dialogo, colto nel suo valore "fondativo" del pensiero filosofico, rimando senz'altro al primo capitolo di F. Chiereghin, *Sul principio*, CUSL, Padova 2000.

relazione con l'altro, reciproco nella comune indigenza e relazionalità[14].

Simili considerazioni non sono mere astrazioni filosofiche ma sono, per così dire, impattanti anche sul piano dell'esistenza personale: come ricorda Francesca Zanuso, infatti, proprio con riferimento a questi profili strutturali dell'umano, "la vita esistenziale vale proprio perché non è solo mia ma è frutto del mio necessario, ineludibile rapporto con gli altri. La mia vita esistenziale è frutto della mia fatica dell'esistere, dei miei rapporti, delle domande e delle risposte fatte e ricevute nella mia insuperabile indigenza di verità"[15].

Il raccordo fra queste considerazioni filosofiche e le loro implicazioni pratiche è uno dei punti fondamentali del percorso sapienziale proposto da Primiceri nel suo libro, nel quale egli si interroga appunto sulle attitudini che, a partire dalla vita di ogni giorno, è opportuno coltivare per attivare il buonsenso non solo come moderazione e capacità pratica, bensì anche, a nostro avviso, come una dimensione praticata nella quale la relazionalità e la razionalità umana vengono *abilitate* a manifestarsi.

Tutto ciò è massimamente importante anche nel contesto della stretta attualità, compresa anche nei riflessi giuridici dell'agire umano. Proprio in un contesto come questo, percorso dall'emergenza sanitaria di una pandemia e dai tentativi di rispondere ai rischi ad essa connessi anche mediante il ricorso a normative volte a portare sul piano della cogenza ciò che viene dettato da esigenze di prudenza e tutela della salute pubblica, emerge "l'insufficienza del diritto *come sola norma*" e si evidenzia "piuttosto una rafforzata responsabilità da parte di chi lo costruisce e

---

[14] Mi permetto di rinviare, sul punto, alla lettura proposta in F. Reggio, *Il paradigma scartato. Saggio sul pensiero filosofico-giuridico di Giambattista Vico*, Primiceri, Padova 2018.

[15] F. Zanuso, *Introduzione*, in F. Zanuso, a cura di, *Diritto e desiderio*, FrancoAngeli, Milano 2015, p. 23.

16

di chi lo interpreta"[16]. Anzi, appare urgente "rivolgersi alla norma non solo come 'testo' ma anche come *ratio*, e tener presente il profilo teleologico delle misure che impongono limitazioni alle libertà", in cui il fine funge anche da delimitazione, e quindi da argine rispetto al rischio di arbitrio.

La prospettiva di pensiero della *restorative justice* – cui fa cenno lo stesso Primiceri in conclusione del suo libro pone l'accento - nella attenzione che essa rivolge all'esperienza e alle strutture di relazione - sull'importanza che la regola non si chiuda nell'autoreferenzialità ma venga letta alla luce anche di una *ragion d'essere*, per la quale le norme non esistono solo con l'obiettivo di porre limitazioni, bensì, anche attraverso quest'ultime, di abilitare e ristabilire una corretta reciprocità e responsabilità intersoggettiva[17]. Anzi, qui si trovano la *ratio* e il *limite* della norma stessa[18]. Da

---

[16] F. Reggio, *La krisis del coronavirus, Una sfida inattesa per l'essere umano e le società contemporanee Considerazioni filosofico-giuridiche*, in "Calumet" 1/2020, pp. 118-142, qui p. 126.

[17] Cfr., per un primo sguardo sulla visione 'etica' del diritto insita nella *restorative justice*, H. Zehr, *Changing Lenses. A new Focus on Crime and Justice, Herald Press*, Scottsdale 1990; M. Wright, *Justice for Victims and Offenders*, Open University Press, Philadelphia 1991, e, con particolare riferimento alla visione di diritto, L. Walgrave, *Restorative justice, self interest and responsible citizenship*, Willan Publishing, Cullompton 2008. Cfr., altresì, per una riflessione filosofico-giuridica sull'attuale dibattito in materia, che considera il paradigma *restorative* valutandone la portata innovatrice ma anche talune incompiutezze, F. Reggio, *La nave di Milinda. La restorative justice fra conquiste e sfide ancora aperte*, in C. Sarra – F. Reggio (a cura di), *Diritto, Metodologia Giuridica e Composizione del Conflitto*, Primiceri, Padova 2020, pp. 11-100.

[18] Si vede a questo riguardo l'esigenza di comprendere in chiave non puramente difettiva, di ostacolo, la nozione di "limite" (cfr. L. Illetterati, *Figure del limite: esperienze e forme della finitezza*, Verifiche, Trento 1996), giungendo a risementizzare il limite stesso, anche nel contesto della riflessione sul diritto, ove la dimensione contenitiva di tale nozione viene non di rado ad adombrarne il valore delimitativo e teleologico. Cfr., sul punto, P. Moro, *Libertà indisponibile. Un percorso critico*, in F. Zanuso (a cura di), *Custodire il fuoco*, FrancoAngeli, Milano 2013, pp. 121-164.

questo consegue che la *moral agency*'[19] e la *personal responsability* non sono mai irrilevanti rispetto alla 'vita praticata' della norma[20]: sono tanto più marcate, come esigenze, quanto più la norma risponde a canoni di urgenza e di tutela rafforzate[21].

La sfida della giustizia riparativa sul fronte penalistico, che ritroviamo analogamente nelle proposte di ripensamento del diritto e della sua funzione sociale all'interno del dibattito sulle *Alternative Dispute Resolution*, anche in ambito civile[22], sembra richiamare

---

[19] Molto interessante, in funzione critica del pensiero *liberal* contemporaneo, quanto proposto, in dialogo con il *'sociological communitarianism'*, in D. Karp, *Sociological communitarianism and the "just" community'*, in *"Contemporary Justice Review"*, no.3/2000, pp. 153-173.

[20] Peraltro, come è stato rilevato: "Pure in un ordinamento tendenzialmente legislativo come il nostro le norme, in definitiva, sono soltanto la manifestazione esteriore di modi di pensare, di sentire, di agire che coinvolgono più punti e più organi del corpo sociale. Sono cioè, assieme agli apparati della produzione e dell'applicazione, alla comunità dei destinatari, a determinate pratiche e rappresentazioni collettive, l'espressione di una *cultura giuridica* particolare, dipendente a sua volta da una dimensione culturale più ampia (dall'insieme dei fenomeni religiosi, politici, economici, artistici che caratterizzano la vita sociale)"(R. Marra, *Filosofia del diritto e scienza giuridica*, in "Teoria e critica della regolazione sociale", 1/2016, 55-60 2016, qui p. 59).

[21] Ciò non significa, tuttavia, optare per una confusione fra diritto e morale. Come è stato ricordato, infatti, "il diritto può rafforzare la morale solo se da essa è chiaramente distinguibile. Dall'altro lato, sostenere che l'obbligo giuridico non è autonomo dall'obbligo morale vanifica qualsiasi tentazione di attribuire ad altri la responsabilità della decisione di fare ciò che il diritto ci chiede di fare" (A. Schiavello, *Perché obbedire al diritto? La risposta convenzionalista ed i suoi limiti*, ETS, Pisa 2000, p. 184). Il punto di raccordo può essere forse ravvisato nel ritrovare il legame fra diritto, antropologia relazionale e *societas humana* – argomento chiave della reazione di Vico al contrattualismo moderno – in forza del quale la *ratio* e il limite stesso del diritto andrebbero letti nell'abilitare, proteggere e ripristinare una reciprocità intersoggettiva che invoca, pur con ruoli distinti, tanto l'agire morale, quanto il mondo giuridico, quali appartenenti alla *virtus ethica*. Cfr., sul punto, L. Bellofiore, *La dottrina del diritto naturale in G.B. Vico*, Giuffrè, Milano 1954; U. Galeazzi, *Ermeneutica e Storia in Vico. Morale, diritto e società nella 'Scienza Nuova'*, Japadre, Roma-L'Aquila 1993.

[22] Cfr., F. Reggio, *Concordare la norma. Gli strumenti consensuali di soluzione della controversia in ambito civile: una prospettiva filosofico-metodologica*, Casa Editrice Libreria Universitaria di Padova, Padova 2017.

l'esigenza di ritrovare all'interno del diritto una *phronesis* indebitamente svalutata e trascurata nel contesto della modernità e delle sue propaggini contemporanee, troppo protese a ricercare e difendere il diritto nella sua dimensione tecnica (e, infine, disumanizzante)[23].

Tutto ciò porta a dire che, in effetti, vi è un grande bisogno di riscoprire e ritrovare il *buonsenso*, ma, perché un simile richiamo non resti un vuoto riferimento retorico, occorre fare propria la *responsabilità* su cosa ciò possa significare e implicare. Proprio questo costituisce un ulteriore motivo per addentrarsi nella prospettiva delineata da Primiceri, accettando la sfida di farsi guidare in una lettura attenta di *"Etica e Giustizia del Buonsenso"*.

Federico Reggio[*]

---

[23] Ricorda Grazia Mannozzi: "la giustizia riparativa mostra il volto non tanto della sapienza, quanto quello della saggezza. Alla *sophia* dell'edificio normativo penalistico, contrappone o meglio, umilmente, affianca la *phronesis* di chi si preoccupa di fare giustizia nell'immanenza multiforme del caso concreto (...) nell'orizzonte della responsabilità, a partire dall'ascolto. Se la giustizia penale dei codici è sapiente, la giustizia riparativa è, pragmaticamente, saggia" (G. Mannozzi, *Sapienza del diritto e saggezza della giustizia. L'attenzione alle emozioni nella normativa sovranazionale in materia di restorative justice*, in "DisCrimen" 2020, pp. 1-42, qui p. 40).

[*] Università di Padova, Dipartimento di Diritto Privato e Critica del Diritto.

Parte Prima

ETICA DEL BUONSENSO

Premessa all'Etica del Buonsenso

Il desiderio di trattare l'argomento sul buonsenso ha radici lontane. Fin dai tempi della mia prima formazione scolastica, poi con gli studi di diritto all'università, ho sempre in qualche modo rifiutato gli schemi, i metodi abituali della formazione. Ma non solo. Consideravo la scuola come un luogo dove le ambizioni e i talenti naturali dei giovani rischiavano di essere limitati a causa di un'uniformità generale al metodo stabilito dall'alto, ovvero una forma di giudizio continuo basato sui numeri e su un piatto livellamento delle conoscenze. Ritenevo questa una vera e propria forma di limitazione della libertà espressiva e creativa di uno studente. Specifico che non ero affatto un ribelle, ma talvolta, nonostante il carattere mite che in molti mi riconoscono, sbottavo di fronte a ciò che ritenevo ingiusto. Ponevo, cioè, alcune garbate critiche a chi dirigeva il sistema facendo spesso leva sul concetto di buonsenso, che io vedevo come l'elemento più volte mancante nel processo decisionale e valutativo scolastico.

Il mio migliore amico, tempo fa, ascoltando pazientemente le mie teorie su come dovrebbe essere impostato l'insegnamento scolastico e sull'inutilità dei voti, mi disse che secondo lui avevo maturato una sorta di rifiuto verso l'autorità.

Ho riflettuto qualche minuto sulle sue parole per poi capire che mancava un elemento che potesse rendere completa e giusta la sua percezione. Io non rifiuto l'autorità bensì l'abuso di autorità. In poche parole provo repulsione per l'abuso di potere. E tale sentimento l'ho gradualmente esteso nell'esperienza della vita a tutte quelle situazioni in cui ho osservato o conosciuto qualcuno che si comportava come se fosse stato investito da un potere speciale e come se, l'esercizio di quello stesso potere, fosse in qualche modo giustificato dalla propria condizione sociale o dalla propria professione. Tale forma di potere finisce con il recare danno agli altri in quanto presuntuoso e arrogante, manchevole di buonsenso. Soggette a tale grave patologia sono, per natura, le professioni in cui le decisioni di un singolo producono effetti sugli altri, ma anche gli atteggiamenti individuali alimentati dalla paura di trovarsi in condizione di inferiorità rispetto ad altri o dalla diffidenza, per vari motivi, acquisita verso il prossimo. Gli ingredienti per evitare la deriva dal ruolo responsabile all'abuso di potere sono l'etica individuale, l'etica professionale e la responsabilità.

Se mancano queste il danno è fatto. Se invece ci sono, insieme al buonsenso, produrranno il più delle volte decisioni sagge e ben accolte dai destinatari, oltre che appaganti anche per chi le compie, in quanto accompagnate dalla gratificazione di aver fatto la cosa buona e giusta.

Il mio convincimento, nonostante l'osservazione della realtà mi abbia posto dinanzi a seri dubbi circa la capacità dell'uomo ad agire con buonsenso, è che la natura umana sia predisposta al bene.

Se l'uomo sia capace naturalmente di distinguere ciò che è buono da ciò che è cattivo e ciò che è giusto da ciò che è sbagliato è un dilemma fonte di innumerevoli riflessioni e studi nel corso della storia.

Varie analisi e test psicologici hanno rivolto la loro attenzione allo studio dei comportamenti dei bambini riuscendo a far ipotizzare come un certo senso di giustizia sia già presente nel loro codice genetico.

Ma cosa accade dopo? Se l'uomo nasce buono, allora cosa può permettere l'agire male, spesso ai danni dei propri simili?

È qui che assume un ruolo fondamentale l'educazione perché è proprio il contesto in cui una persona cresce, sviluppando le sue attitudini e inclinazioni caratteriali, a modellare la sua mente.

Ecco perché schemi e modelli possono essere talvolta pericolosi se non si lascia spazio alla libertà, alla creatività e alla discrezionalità delle persone all'interno di un sistema (come in quello scolastico citato prima, ad esempio), nei limiti della correttezza e della ragionevolezza. È il caso del burocrate che esegue sempre allo stesso modo le pratiche che ha tra le mani senza tenere conto dei destinatari e dei casi specifici; dell'insegnante che decide se uno studente va promosso o bocciato in base alla sola media matematica dei voti; dell'avvocato che pretende di risolvere i problemi delle persone solo attraverso le cause giudiziarie perché non conosce le tecniche di mediazione; del giudice che porta avanti per anni, fino alla condanna, il processo ai danni di un senza tetto e senza reddito per aver rubato due mele in un supermercato; del politico che si esprime secondo la lezione imposta dal suo partito al solo fine di fare carriera, e così via.

L'agire meccanicamente annulla il fattore umano e produce distorsioni nella società limitando la personalità dell'individuo e l'inclinazione al buonsenso. È possibile che in alcuni casi non ci sia violazione di regole, ma l'incapacità di assumere il buonsenso come principio generale sopra ogni norma, diffonde, comunque, un senso di ingiustizia.

A volte il buonsenso manca per utilitarismo. L'interesse personale può essere di due tipi, ambizioso o di mantenimento. C'è chi punta ad accrescere il proprio successo e per farlo, scende a compromessi che danneggiano gli altri, ma c'è anche chi si accontenta dello "status quo" perché "tutto sommato va bene così". Tale soggetto, rassegnato, talvolta in modo inconsapevole, allo "status quo", trova estremamente complicato riattivare la propria materia cerebrale al fine di rendersi migliore per sé e per gli altri, con la conseguenza che il suo accontentarsi limita il potenziale accrescimento di benessere per l'intera società.

Usare buonsenso significa avere coscienza del proprio ruolo all'interno di una società, salvaguardare la propria dignità e quella degli altri, agire con autorevolezza e coraggio, anche in contrasto con la regola consolidata se il caso specifico lo richiede e se gli effetti della deroga sono migliori per tutti senza alcuna conseguenza negativa.

In questo volumetto, che spero possa essere il primo di una serie, viaggeremo alla scoperta del buonsenso aiutati dagli spunti di riflessione proposti da autorevoli pensatori di tutti i tempi, da Socrate a John Rawls, passando per Kant, Bentham e Mill.

La proposta di questo volume è, quindi, basata principalmente sul piano etico e filosofico.

L'intenzione, piuttosto ambiziosa, è quella di provare a riprendere piena coscienza e consapevolezza dei valori naturali dell'essere umano, quei valori che possano aiutarci ad utilizzare il buonsenso nella vita di tutti i giorni e sul lavoro.

Meriteranno approfondimento in prossimi volumi anche il profilo psicologico del buonsenso e il profilo legato alla giustizia, comunque accennato in alcuni passaggi di queste pagine.

Riprendere confidenza col buonsenso significa partire da sé stessi per agire bene sia da soli, che insieme e per gli altri. Il buonsenso è un dono che ci permette di agire tendendo al bene comune.

Buonsenso a tutti.

Salvatore Primiceri

I
ALLA RICERCA DI UNA DEFINIZIONE: CONSIDERAZIONI PRELIMINARI

Che cos'è il buonsenso? È compito piuttosto arduo quello di fornire una definizione assoluta riguardo ad un concetto che rischia di presentarsi "astratto" o comunque mutevole rispetto alla sensibilità e percezione interiore di ogni singolo essere umano. Eppure è un termine di cui quasi abusiamo nel nostro vocabolario di ogni giorno. *"È mancato il buonsenso"*, *"Ma usa un po' di buonsenso"* sono, infatti, espressioni comuni del nostro modo di esprimerci. Il più delle volte, però, questo tipo di richiamo viene utilizzato a sproposito, partendo forse dal presupposto che il buonsenso sia qualcosa di soggettivo. Si tende cioè a dare per scontato che la propria percezione di ciò che è giusto fare in un determinato momento, risponda anche alle esigenze degli altri. Non ci si rende conto, tuttavia, che la maggior parte delle volte riteniamo giusto ciò che ci risulta più utile secondo le nostre credenze e convenienze, spesso in modo meccanico e inconsapevole.

La società tende a confondere il buonsenso con il senso comune. L'uno è un principio generale che dovrebbe guidare la ragione nella ricerca delle azioni buone e giuste per la collettività oltre che per sé stessi, l'altro è invece un insieme di convenzioni, che in un determinato periodo e in un determinato ambiente, vengono accettate come utili ai fini di una convivenza il più possibile civile, ma che rimane limitato e mutevole nel tempo. Alla definizione di buonsenso cercheremo di arrivarci insieme e gradualmente, cominciando dalla più elementare delle regole, ovvero l'analisi letterale delle parole.

Il termine *"buono"* ci aiuta ad intuire che abbiamo una certa probabilità di trovarci nel campo del *"giusto"* e del *"positivo"* (in quanto buono e giusto). Ci domandiamo se potrebbe rientrare nel buono anche qualcosa di *"utile"* solo a noi stessi. La risposta è no. Escludiamo, per ora, dalla sfera del buonsenso, ciò che noi giudichiamo buono secondo il mero criterio soggettivo dell'utilità del risultato. Un potenziale risultato utile a noi stessi potrebbe non esserlo altrettanto per i soggetti con cui ci relazioniamo nell'ambito di una vicenda comune. Quindi, ciò che è buono per noi deve essere necessariamente anche buono per gli altri. Il buonsenso, vedremo, ha una stretta relazione con la ricerca del bene comune. Per questo, quando parliamo di buonsenso, intendiamo che la sua corretta applicazione non possa e non debba produrre effetti negativi per alcuno (positività del risultato senza dubbio).

La parola *"senso"* ci indica la strada della *"percezione"*. Attraverso i nostri organi di senso riceviamo numerose informazioni (vista, tatto, udito, olfatto, gusto…). Oltre ad essi disponiamo di un senso innato che ci dovrebbe indurre a ragionare preventivamente su ciò che è giusto o ciò che può far bene ad un'intera comunità in una determinata situazione. In sostanza siamo dotati di un senso che ci fa tendere verso la cosa buona da pensare, dire e fare. In molti ora starete obiettando che non è sempre così, anzi spesso non lo è, altrimenti l'uomo vivrebbe in una situazione perfettamente armonica con i propri simili senza esistenza di conflitti o errori. Magari fosse così! Cartesio accostava il buonsenso alla ragione. Ma nel vedere che poi i singoli individui non utilizzavano tutti la ragione nello stesso modo si interrogava come questo fosse possibile. La risposta fu il metodo. E probabilmente aveva ragione.

Quello che cercheremo di spiegare è che l'uomo nasce in realtà dotato della capacità di azionare il buonsenso, ma che tale attività ha bisogno di un esercizio costante in quanto essa rischia di attenuarsi a seconda del luogo, ambiente, cultura, educazione, esperienza, ambizione, in cui un uomo cresce e sviluppa la propria personalità. Oggi più che mai, infatti, in un mondo dove le popolazioni si sono sviluppate nei secoli attraverso divisioni e ideologie culturali centrate su profonde differenze, la riscoperta del buonsenso può divenire un esercizio complesso col rischio che ognuno ne dia una definizione o interpretazione non appropriata o dettata da fini utilitaristici.

Per riscoprirne il significato autentico bisognerebbe ripartire da Socrate e dalle domande che egli rivolgeva ai suoi discepoli in cerca di saggezza. Egli ascoltava, non giudicava e induceva a ragionare attraverso la formulazione di specifiche questioni che, il più delle volte, portavano i giovani dialoganti a risultati di riflessione e conoscenza più elevati rispetto al punto di partenza, oltre che di rispetto reciproco.

Rispetto, ascolto, prudenza, analisi, ragionevolezza ed equilibrio, potrebbero quindi essere alcuni ingredienti del buonsenso. L'eliminazione di qualsiasi pregiudizio e un approccio aperto al nostro interlocutore spianano la strada ad un comportamento saggio e positivo.

"*Il buonsenso è la capacità di giudicare con equilibrio e ragionevolezza una situazione, comprendendo le necessità pratiche che essa comporta*", afferma l'enciclopedia on-line Wikipedia che ha recentemente modificato la definizione. Quella precedente era: "*la capacità di ascoltare le argomentazioni degli altri utenti, nella ricerca di un punto di convergenza – anche attorno a temi di particolare complessità – raggiungibile solamente con la ragione e la pacata discussione*". Il vocabolario italiano, invece, definisce il buonsenso come "*la capacità naturale dell'individuo di valutare e distinguere il logico dall'illogico, l'opportuno dall'inopportuno, e di comportarsi in modo giusto, saggio*".

Il buonsenso non ha nulla a che fare col cosiddetto "*buonismo*", termine moderno che riesce ad assumere un'accezione negativa pur presupponendo un'azione buona. La negatività del "*buonismo*" consiste nel fatto che l'azione prodotta si manifesta con atteggiamenti che solo formalmente appaiono gentili e corretti. Essa è, in realtà, il risultato di un preciso calcolo di convenienza. Il buonsenso, invece, muove l'azione buona e giusta seguendo l'ispirazione naturale dell'uomo al bene comune. Potremmo dire che il buonismo è forma mentre il buonsenso è sostanza.

Credo possa valere anche una definizione che veda il buonsenso come "*una capacità innata e oggettiva dell'essere umano che, se correttamente applicata, può prevenire situazioni di conflitto o gestire e risolvere positivamente controversie di varia natura nell'interesse non solo delle parti ma anche pubblico*". Per questo è necessario avere la capacità di individuare il buonsenso, dotarci del metodo e degli strumenti necessari per poterlo applicare al meglio.

Sull'oggettività naturale del buonsenso analizzeremo alcune teorie tra le quali, come vedremo, quella dello *"spettatore imparziale"* di Adam Smith, volta ad eliminare il fine utilitaristico personale nell'applicazione del buonsenso.

Ma come si concilia il buonsenso con le regole imperative degli ordinamenti? In realtà, nelle codificazioni democratiche, il buonsenso è una regola assorbita da diverse norme. Nel nostro Codice civile si pensi, ad esempio, al *principio di buona fede*, al *criterio di ragionevolezza*, alla *diligenza del buon padre di famiglia*, al *dovere di correttezza*. In alcuni casi l'applicazione in senso stretto della legge può portare ugualmente a risultati percepiti come "ingiusti". Per questo, spesso, si fa riferimento ai *"princìpi generali del diritto"* come fonte naturale a cui attingere per dirimere situazioni complesse che la norma particolare non è in grado di risolvere adeguatamente.

È in questi casi che, probabilmente, viene a mancare l'uso del buonsenso come regola primaria al di sopra del diritto e come criterio di analisi preventiva sugli effetti dell'agire e della rigida applicazione di una norma.

Proviamo per un attimo a interrogarci su quante volte abbiamo ascoltato nei telegiornali, a commento di una notizia di cronaca giudiziaria (ma non solo), la frase del tipo: *"È stata applicata rigidamente la legge ma forse è mancato un po' di buonsenso"*. Oppure quante volte una analoga espressione viene utilizzata, ad esempio, in riferimento all'applicazione di un provvedimento disciplinare in base ad un regolamento interno ad un'azienda, ad una pubblica amministrazione o ad una struttura sanitaria. In questo tipo di espressione è facile cogliere un *"tilt"*, un qualcosa che non ha funzionato o non ha soddisfatto pienamente le parti e l'opinione pubblica nell'applicazione di una legge o di un regolamento. La soluzione non sembra, quindi, giusta, in quanto priva di buonsenso.

Tempo fa un uomo venne colto da malore per strada a pochi passi da un ospedale. Un passante lo soccorse ed entrò al pronto soccorso invocando aiuto. I medici del pronto soccorso non intervennero perché il regolamento vietava loro di uscire dalla struttura sanitaria senza che vi fosse stata la chiamata al 118 o che l'infortunato non fosse stato accompagnato all'interno del pronto soccorso stesso. La successiva morte dell'uomo accese un vivace dibattito su quale avrebbe dovuto essere il miglior modo di agire da parte dei medici in quella circostanza specifica e se le regole fossero davvero così stringenti da impedire alcuna libertà di deroga, vista l'emergenza.

Sempre in virtù di quella ragionevolezza precedentemente auspicata e di quel senso del "giusto", del "buono" e del "positivo", anche la legittima applicazione di una norma imperativa dovrebbe quindi preliminarmente essere sottoposta all'analisi del buonsenso.

Tornando, infatti, per un attimo, all'enciclopedia Wikipedia, troviamo che nella definizione di buonsenso viene specificato che: *"Un approccio di buonsenso permette, in determinate situazioni, di discostarsi dalla lettera delle linee guida"*.

Ciò significa che l'applicazione del buonsenso può differire dalla previsione normativa letterale, arrivando talvolta a derogare le stesse norme, in virtù di una percezione oggettivamente giusta e di un potenziale risultato evidentemente più giusto, soddisfacente e accettabile per le parti e per la collettività. Usando un termine che ritornerà anche in seguito, scopriamo, inoltre, come il buonsenso sia anche una mediazione capace di ottenere il massimo e alto risultato nelle relazioni di tutti i giorni, nel lavoro, nell'esercizio della giustizia, nella politica, e così via. Quella giustizia veramente giusta in cui si afferma solo l'autentica soddisfazione delle parti, nel pieno rispetto della loro dignità e della collettività, senza alcun effetto negativo sugli altri, capace quindi di attuare quella piena realizzazione di sé con gli altri e per gli altri. Stiamo parlando, in sostanza, di quella che il filosofo greco Aristotele chiamava *"eudemonia"* e che in molti traducono con il termine *felicità*. L'*eudemonia* aristotelica, in realtà, rappresenta qualcosa di più completo della felicità; essa è il fine dell'agire umano. Potremmo, a questo punto, azzardare a definire il buonsenso come lo strumento principe per raggiungere l'*eudemonia*, ovvero la felicità collettiva o il sommo bene.

Abbiamo fatto qualche passo avanti. Vediamo di riassumere brevemente che cos'è e cosa, invece, non è il buonsenso.

Abbiamo visto che il buonsenso non è soggettivo ma oggettivo. Ognuno di noi lo possiede ed è teoricamente in grado di applicarlo allo stesso modo degli altri. Quindi è obiettivo e neutrale. Non è condizionato da utilitarismo, né da egoismo, nel senso che non consente un arricchimento o il conseguimento di un vantaggio esclusivamente personale. Il ritorno che ne deriva è ottimale per tutti i soggetti coinvolti nella medesima situazione. Potremmo, quindi, continuare dicendo che il buonsenso non produce compromessi, ma accordi vantaggiosi per tutti. È corretto, tende all'uguaglianza e al rispetto reciproco. Non produce equità intesa come una mera divisione matematica delle risorse, ma pieno senso di giustizia per chi agisce e per chi riceve. Il buonsenso, laddove interviene derogando la lettera della legge, migliora gli effetti del quadro normativo vigente, divenendo fonte del diritto.

E ancora. Il buonsenso non è un freno conservatore, ma, al contrario, costituisce uno stimolo coraggioso all'azione migliore, più giusta possibile. Il buonsenso è coraggioso perché, talvolta, può essere azionato a prescindere dalla regola imperativa: è guidato dall'etica. Il buonsenso ci induce alla prudenza nei giudizi e alla ricerca della verità prima di agire. Esso stimola, quindi, l'esercizio del pensiero, ci permette di generare alternative nel campo delle possibili soluzioni e ci guida alla corretta valutazione dei fatti, nonché alla scelta dell'azione migliore da compiere. È, dunque, riflessivo e, se vogliamo, anche creativo. Il buonsenso, infine, è collaborativo perché necessita spesso dell'interazione civile e costruttiva con gli altri, predisponendoci all'ascolto.

Possiamo, a questo punto, proporre la seguente definizione: "*il buonsenso è la capacità naturale dell'uomo di distinguere il buono dal cattivo, il giusto dallo sbagliato*".

Cerchiamo ora di ritrovarlo dentro di noi e capire come utilizzarlo al meglio nella pratica quotidiana, grazie all'aiuto di alcuni storici pensatori.

II
PENSARE PRIMA DI AGIRE.
CAPIRE PRIMA DI GIUDICARE

Socrate visse ad Atene tra il 470 a.C. e il 399 a.C. Se oggi siamo qui ad argomentare sul buonsenso è merito suo. È infatti a lui che dobbiamo la nascita dell'etica e della filosofia morale. Che cosa aveva di speciale Socrate? Apparentemente nulla, anzi oggi lo definiremmo come un gran rompiscatole. Avete presente una persona che, quando parliamo, ci rivolge mille domande dandoci la sensazione di dubitare continuamente di quanto diciamo? Convinti come siamo delle nostre certezze e opinioni, non ci sentiremmo un po' infastiditi da una presenza così invadente e diffidente? Se a tutto ciò aggiungiamo che Socrate era pure brutto e non proprio lindo di doccia appena fatta, credo che, in una società già estremamente individualista come la nostra, faremmo molta fatica a interagire con una persona così.

E, invece, Socrate era amatissimo, almeno dai suoi discepoli, che erano davvero molti. Socrate si aggirava per le strade e piazze di Atene cercando il dialogo con chi parlava e commentava i fatti della città. Anzi, spesso erano gli altri a cercarlo. Formulava molte domande circa i fatti che udiva. Il suo grande merito era quello di "aprire gli occhi" ai suoi interlocutori. Attraverso l'arte della maieutica, Socrate induceva gli altri a valutare le cose al di là delle facili apparenze e a spostare i punti di vista con cui i fatti venivano istintivamente valutati.

Il suo metodo non era ovviamente infallibile. Tutto dipendeva anche dalla capacità degli altri di accettare il confronto e di mettere in discussione i propri convincimenti. Quel che importava era che il metodo socratico, di ricerca continua della verità, piaceva a tal punto che erano tantissimi i giovani ateniesi che cercavano Socrate per dialogare e ragionare su fatti e opinioni, dalla vita politica e militare a quella sociale. Socrate era diventato un vero maestro di saggezza e tra gli ateniesi era un esempio di uomo giusto.

> *"Egli sempre si occupava delle cose riguardanti l'uomo, indagando su cosa fosse pio, che cosa empio, che cosa bello, che cosa turpe, che cosa giusto, che cosa ingiusto, che cosa fossero la saggezza, la follia, il coraggio, la viltà, lo Stato, l'uomo politico, il governo degli uomini, l'uomo di governo..."*
> (Senofonte, *Memorabili*, I 1, 16).

Eppure lui non pretendeva di insegnare nulla. Anzi, ammetteva candidamente che l'unica cosa che sapeva era di non sapere, tant'è vero che non scrisse mai alcun libro. Ciò che sappiamo di lui, dei suoi straordinari dialoghi e delle sue idee di giustizia, saggezza e virtù, ci è stato tramandato dai suoi allievi, in particolare da Platone e Senofonte attraverso i *"dialoghi socratici"*.

Il punto di partenza dell'indagine socratica era quindi la totale assenza di conoscenza delle cose e dei fatti. Attraverso questo approccio, pervaso da una certa umiltà, Socrate, formulando domande e guidando il dialogo che ne scaturiva con il proprio interlocutore, esercitava una ricerca della corretta visione delle cose per consentirne una valutazione pertinente e non fuorviata da convincimenti, pregiudizi e senso comune.

Socrate, quindi, era un uomo che riscuoteva consenso e, come purtroppo spesso accade anche oggi, il consenso attira con sé la paura e l'invidia di chi, evidentemente, teme al contempo di perderlo. Fu così che Socrate, all'età di 70 anni, dopo aver predicato per tutta la vita i valori della virtù, della giustizia e della saggezza, fu messo sotto processo con accuse infamanti, tra cui quella di corrompere i giovani, disprezzare le leggi democratiche della città e formare uomini corrotti. Non era forse l'uomo settantenne in sé a stimolare le accuse contro di lui ma la formazione e l'educazione che trasmetteva ai suoi seguaci, tra i quali, chissà, potevano crescere i politici del futuro. Potremmo affermare che, ancora una volta e persino nella Grecia antica, la cultura degli uomini saggi spaventa chi, invece, basa il potere su arroganza, cattiveria e ignoranza del popolo.

Socrate fu condannato a morire bevendo la cicuta (un veleno) nonostante la memorabile e coinvolgente difesa tramandataci da Platone nella *"Apologia di Socrate"* (ma anche da Senofonte in un omonimo testo).

I suoi discepoli fecero di tutto per salvarlo proponendogli addirittura una fuga già organizzata. Ma, ancora una volta, è l'uomo saggio a prevalere. Egli rifiuta la fuga e accetta la condanna a morte lasciandoci in eredità un insegnamento fondamentale per la nostra cultura e educazione civica: *"meglio subire un'ingiustizia che commetterla"*.

"Non voglio scappare, non bisogna mai commettere un'ingiustizia nemmeno quando la si riceve".
(Platone, *Critone*).

E ancora sul concetto di ingiustizia, Socrate è protagonista di una discussione con Polo nel celebre dialogo del "Gorgia" di Platone:

"Socrate: ...il male più grande che possa capitare, è commettere ingiustizia.
Polo: Ma come, questo il male maggiore? Ma non è un male ancora maggiore subire ingiustizia?
Socrate: Assolutamente no!
Polo: Allora tu preferiresti subire ingiustizia piuttosto che commetterla?
Socrate: Non vorrei né subirla né commetterla, ma se fossi costretto a scegliere fra le due, preferirei subire ingiustizia piuttosto che commetterla".

Socrate affermò così il principio di legalità ma subì un'ingiustizia, non solo per via delle false testimonianze dei suoi accusatori (Meleto istigato da Anito e Licone), ma dalla stessa macchina giudiziaria che lo condannò. L'ingiustizia dello Stato verso un suo cittadino.

Nonostante questo, egli continuò a rispettare le leggi, anche la più ingiusta. La giustizia che predicava Socrate era, quindi, la virtù che ogni uomo deve cercare dentro di sé per agire nel bene, indipendentemente dal contenitore di norme in cui è inserita la propria comunità. Una giustizia vera e giusta, che parte dalla capacità primordiale dell'uomo di distinguere il bene dal male.

> *"Io affermo che questo è il più grande bene per un uomo, ossia ogni giorno parlare della virtù e di altri argomenti sui quali voi mi ascoltate ragionare e interrogare me stesso ed altre persone, mentre la vita senza ricerca non è degna di essere vissuta per l'uomo; se dico questo, mi credete ancor meno"* (Platone, *Apologia di Socrate*, 28).

Socrate, quindi, fu condannato perché alcuni non tolleravano le sue domande e i suoi discorsi. Insomma, parlava troppo e bene, e questo dava fastidio.

In molti vedono la condanna di Socrate come uno dei primi celebri casi di ingiustizia (non era in realtà il primo ma certamente tra i più clamorosi). Non crediamo azzardato un parallelismo con quanto accaduto molti anni dopo a *Gesù di Nazareth*, crocefisso dopo una giovane vita dedicata a diffondere i valori di quello che diventò il *Cristianesimo*. Socrate e Gesù in realtà non erano accomunati solo dalla sorte ma dalla loro vocazione a insegnare il bene. L'accostamento di Socrate allo spirito cristiano è stato peraltro oggetto della filosofia di *Kierkegaard* (1813-1855).

Ma uscendo da una visione religiosa, che non attiene a questa sede e che non ci compete, possiamo comunque affermare che, in entrambi i casi, ci troviamo di fronte a due uomini che accettano il verdetto della legge vigente nel loro tempo, seppur ingiusto, in pace con sé stessi. Recentemente sono stato chiamato a dibattere in un convegno a Firenze sul tema *"Il buonsenso sta diventando un reato?*". Il punto di partenza era l'osservazione della realtà e della società contemporanea dove molti valori di buon vivere comune appaiono smarriti. Risposi, citando proprio i casi di Socrate e Gesù, che il buonsenso è stato sempre un reato laddove si radicava un certo "male" della società civile. Per questo, ancora oggi e domani, occorre contenere le correnti che allontanano gli uomini dall'etica di base. Occorre essere un po' i Socrate del nostro tempo, non temendo di apparire in controtendenza.

Agire bene e fare le cose giuste consente di raggiungere la serenità dell'animo. Seminare buonsenso con pensieri, parole e azioni non è mai un'attività inutile, anche quando ci sembrerà di lottare contro i mulini a vento.

Socrate ci insegna molto riguardo al buonsenso. Ci spiega che agire bene e per il bene verso gli altri è sì rischioso e coraggioso ma è, al tempo stesso, appagante anche di fronte alla cattiveria altrui, degna solo di biasimo. Pensare prima di parlare e capire prima di giudicare le situazioni della vita, anche quelle che ci appaiono più evidenti, è un atto di buonsenso. Per fare questo occorre esercizio, molto esercizio, in quanto il buonsenso è spesso messo da parte, corrotto da interessi personali, vizi, abuso di potere e tanti altri mali propri al genere umano.

> *La cosa migliore e anche la più semplice è quella*
> *di non opprimere gli altri ma di tendere ad essere,*
> *quanto più possibile, migliori.*
> (Platone, *Apologia di Socrate*, 30).

III
DUBITARE ANCHE DELL'OVVIO.
SOSPENDERE IL GIUDIZIO

Se un Socrate dei giorni nostri potrebbe apparirci irritante per le continue domande che ci rivolgerebbe allo scopo di confutare le nostre posizioni e opinioni, chissà quanto potrebbe indispettirci una persona che non si proponga con lo scopo di dialogare per capire, bensì con la certezza di dubitare di tutto, anche di ciò che appare evidente ai nostri occhi. Insomma, una persona da cui non ci dovremmo mai aspettare una valutazione o un consiglio su quanto diciamo o facciamo in quanto le possibili risposte sarebbero del tipo: *"Potrebbe invece essere in quest'altro modo"* oppure *"È vero ma anche no"*.

Deve essere davvero fastidioso discutere con chi mette in discussione le nostre certezze, no? Nell'epoca contemporanea, la verticalità del nostro pensiero e del nostro modo di agire ci rende tanto sicuri di noi stessi, e anche un po' arroganti, che finiamo per non cogliere altre strade possibili verso un miglioramento delle nostre conoscenze e, quindi, verso possibili soluzioni ai problemi della quotidianità.

Se Socrate instaurava un dialogo sinergico per capire meglio le cose e per farle capire meglio ai propri interlocutori, non si può dire la stessa cosa di Pirrone, il più scettico dei filosofi.

Il suo pensiero, per non confonderlo con altre forme di scetticismo, è detto anche pirronismo.

Pirrone è vissuto in Grecia tra il 365 a.C. e 275 a.C. ma ebbe l'opportunità di girare il mondo con Alessandro Magno. Questo arricchì molto le sue conoscenze.

Pirrone era un uomo colto che scelse di vivere in semplicità dopo aver apprezzato i princìpi della filosofia orientale che aveva studiato in India. Oggi diremmo che è stato un guru delle primissime forme di "*zen*".

Era uno scettico, nel senso che riteneva che la conoscenza più profonda e vera di tutte le cose non fosse possibile. Nel momento in cui diciamo com'è una cosa, altrettanto la si potrebbe mettere in discussione, diceva Pirrone. "*La realtà non è come ci appare*", direbbe oggi un celebre fisico come Carlo Rovelli.

L'insegnamento di Pirrone è fondamentale nel nostro discorso sul buonsenso in quanto egli basa la sua filosofia sul principio della "*sospensione del giudizio*", detto anche "*epoché*".

Sostanzialmente, Pirrone ci insegna che il giudicare richiede una totale conoscenza delle cose. Secondo lui, però, tale livello di conoscenza non è alla nostra portata, anzi è impossibile acquisirlo. Traslando tale assunto alla nostra quotidianità, potremmo quindi imparare da Pirrone che, prima di giudicare o esprimerci su qualcosa, dovremmo quanto meno aver fatto di tutto per acquisire una conoscenza più elevata possibile della cosa stessa che ci accingiamo a giudicare e del contesto in cui ci troviamo a decidere e ad agire.

Recentemente ho letto una notizia sui giornali che mi ha indotto una riflessione in tal senso.

Un giorno un'anziana signora, colpita pesantemente dalla crisi economica che ha travolto l'Italia a partire più o meno dal 2009, ritrovatasi in serie difficoltà a provvedere al suo sostentamento, decide di procurarsi due mele e uno yogurt rubandoli in un supermercato. Alle casse, però, c'è ad attenderla il direttore del supermercato che inizia una reprimenda vivace contro l'anziana signora davanti a tutti gli avventori che affollano il negozio in quel momento. Come se questo non bastasse, il direttore decide di chiamare i Carabinieri per denunciare quella che lui ha giudicato come una imperdonabile ladra. Le forze dell'ordine, intervenute per riportare la calma, interrogano l'anziana signora e il direttore del supermercato. Comprendono la situazione del tutto eccezionale di una signora incensurata che si è ritrovata calpestata nella sua dignità sia per l'improvvisa situazione di povertà in cui è precipitata, sia per l'umiliazione subita all'interno del supermercato per via dei rimproveri del direttore inflessibile.

I carabinieri, a quel punto, decidono di pagare di tasca loro il conto, di più o meno tre euro (il valore della merce rubata dall'anziana signora), e lasciare libera la signora.

La conoscenza approfondita delle persone, del contesto, delle circostanze e dei fatti ci permettono di capire molte cose che all'apparenza possono sfuggire.

Non bisogna mai dare per scontate le cose, né formulare pregiudizi nella nostra mente. Il direttore del supermercato, nel nostro esempio, ha dimenticato il buonsenso da qualche parte. Se lo avesse utilizzato avrebbe potuto gestire la situazione con maggiore efficienza, oltre che umanità, senza per questo contraddire la validità del principio "*non rubare*".

Credo, infatti, che tutti ci troviamo d'accordo sul fatto che non bisogna rubare, ma potremmo essere d'accordo anche sul fatto che, pur di fronte alla evidente violazione di una regola, occorra sempre domandarsi "*perché*", prima di procedere a qualsiasi giudizio e azione. Le risposte potrebbero non essere così scontate come ce le siamo immaginate.

Nel caso del nostro esempio, non è tanto il rilevare un furto a connotare l'azione priva di buonsenso, quanto l'eccessiva e frettolosa reazione del direttore, la quale finisce per risultare sproporzionata in riferimento al contesto e alla natura del fatto stesso, ma anche istintiva nel nome di una ragione giuridica che egli sente di avere e che, quindi, lo "autorizzerebbe" a sconfinare nell'abuso di potere, passando sopra all'umana pietà.

Sospendere il giudizio significa, quindi, non esercitare arroganza o superiorità e cercare l'equilibrio. Chi è privo di buonsenso, però, direbbe, superficialmente, che il direttore ha fatto semplicemente il suo dovere.

La nostra conoscenza ha un limite ed è per questo che non occorre prendersi troppo sul serio: l'errore è dietro l'angolo anche quando si crede di avere ragione.

Così Pirrone predicava l'afasia, ovvero il non pronunciarsi sulle cose, e l'atarassia, ovvero l'assenza di turbamenti che deriverebbe dal non giudicare.

Come spiegò bene Sesto Empirico (160-210), il filosofo che più difese e divulgò la dottrina di Pirrone nel suo trattato "*Pyrrhoneae Hypotyposes*" (ovvero "Lineamenti Pirroniani"), l'atteggiamento di autentico scetticismo, cioè la sospensione del giudizio, consente di rimanere imperturbabili di fronte alla valutazione di fatti, cose e opinioni, in quanto prevale la consapevolezza che tali elementi non sono altro che il risultato del senso comune e cioè influenzati dalla tradizione delle leggi e delle consuetudini.

Non è difficile concludere che il celebre *"So di non sapere"* socratico è nel pirronismo ancor più estremizzato.

La cosiddetta *"dotta ignoranza"* è stimolo per l'attività piena della ragione ma è anche fonte di un necessario equilibrio.

Il tema del dubbio e della sospensione del giudizio è stato ripreso in epoche più recenti da altri celebri pensatori, fra i quali Cartesio e Montaigne.

René Descartes (1596-1650), per gli amici italiani Renato Cartesio, è il filosofo francese che ha messo la ragione e il pensiero al centro della sua indagine. *"Cogito ergo sum"* ovvero *"Penso, dunque sono"* è il celebre motto contenuto nel suo *"Discorso sul metodo"*, un'opera che affronta lo spazio della conoscenza umana, partendo proprio dall'assunto socratico *"So di non sapere"*.

Anche Cartesio parte dal dubbio ed elabora un metodo per orientare la ragione nella via della conoscenza. Cartesio specifica che il suo è uno dei metodi possibili e non vuole avere la presunzione di un vangelo universale.

> *"La mia intenzione non è pertanto d'insegnare il metodo che tutti devono seguire per dirigere la propria ragione, bensì soltanto di mostrare in che modo ho cercato di dirigere la mia".*

Nella prima parte del suo testo, Cartesio ci offre un'esplicita dissertazione sul buonsenso, inteso da lui come sinonimo di ragione.

> *"Il buon senso è la cosa più equamente distribuita a questo mondo; ognuno, infatti, pensa di esserne così ben provvisto che perfino coloro che a proposito di tutto il resto sono i più incontentabili non sono soliti desiderarne più di quanto ne posseggano. E riguardo a ciò non è verosimile che tutti si sbaglino; questo dimostra piuttosto che la capacità di giudicare correttamente e di distinguere il vero dal falso – in cui consiste appunto quello che viene chiamato buon senso, ovvero ragione – è per natura identica in tutti gli uomini; e così pure la diversità di opinioni non deriva dal fatto che taluni siano più ragionevoli di altri, ma solamente dal fatto che dirigiamo i nostri pensieri lungo percorsi diversi, e non prendiamo in considerazione le stesse cose".*

Per Cartesio l'uomo è naturalmente dotato di buonsenso, quindi di una ragione che è la stessa per tutti, però avverte:

> *"Non basta, infatti, essere dotati di uno spirito retto: la cosa più importante è applicarlo correttamente".*

Cartesio spiega che il buonsenso è l'unica cosa che ci caratterizza come uomini e ci distingue dagli animali. Egli vuole credere che il buonsenso si trovi allo stesso modo in ciascuno di noi:

> *"Voglio seguire l'opinione comune tra i filosofi che il più o il meno esistano soltanto per quel che riguarda gli accidenti, e non le forme o nature degli individui di una medesima specie".*

IV
FARSI UNA RISATA
(OGNI TANTO)

Siamo esseri umani, razionali, ma pur sempre imperfetti e fallibili. Possiamo, ogni tanto, come accennavamo nel capitolo precedente, prenderci un po' meno sul serio o scegliere l'ironia come antidoto allo stress quotidiano?

> *"Anche sul più alto trono del mondo saremmo sempre seduti sul nostro culo".*

L'espressione così schietta che ad alcuni può suonare irriverente è del filosofo rinascimentale francese Michel de Montaigne (1533-1592) ed è contenuta nella sua straordinaria opera dei *"Saggi"*.
Se vi trovate in uno stato di pessimo umore state certi che la lettura di Montaigne può farvi cambiare aspetto e imprimere magicamente un largo sorriso sul vostro volto insieme ad una ventata di ottimismo. Non che Montaigne fosse uno scrittore umoristico, anzi era anche lui uno scettico amante del dubbio pirroniano, ma il suo modo di leggere e interpretare fatti e vicende legate alla natura e al comportamento umano è ironico, pungente, provocatorio e sprona ad un rinnovamento personale, all'azione e alla fuga dalle abitudini.

Montaigne nei saggi parla di sé stesso ed è proprio la capacità di autocritica che lo rende unico.

È l'uomo nella sua interezza il centro dell'indagine. Montaigne si sofferma molto sugli aspetti legati al corpo più che allo spirito, riportando così l'essere umano ad una dimensione per così dire "terrena".

L'analisi dell'uomo lo porta a cercare una mediazione continua tra il corpo e la mente. Per il filosofo, la rappresentazione comune che la società offre delle persone, soprattutto quelle celebri, trascura l'opportunità di descrivere e analizzare più apertamente anche la fisicità di cui non bisogna vergognarsi. Non a caso, il "mettersi a nudo", come accade nei *Saggi*, sarebbe risultato più facile se la società fosse rimasta culturalmente primitiva, ovvero in uno stadio privo di preconcetti.

> *"Si leggeranno qui i miei difetti presi sul vivo e la mia immagine naturale, per quanto me l'ha permesso il rispetto pubblico. Che se mi fossi trovato tra quei popoli che si dice vivano ancora nella dolce libertà delle primitive leggi della natura, ti assicuro che ben volentieri mi sarei qui dipinto per intero, e tutto nudo".*

L'analisi di Montaigne è, quindi, libera da pregiudizi ed è questo che occorrerebbe sempre fare nella vita di fronte a qualsiasi cosa. Se oggi l'opera di Montaigne può essere ritenuta una "scuola di vita" bisogna ringraziare anche chi lo ha ispirato nella sua condotta di scrittore, lettore, magistrato ed eccellente mediatore.

E qui tutto torna. Montaigne era un grande ammiratore di Socrate, Platone, Plutarco e della filosofia pirroniana; egli rifiutava, quindi, le dottrine rigide, gli schemi imposti dall'abitudine e dalle consuetudini, le certezze del senso comune.

> *"Mi sembra che abbia assai ben compreso la forza della consuetudine colui che per primo inventò quel racconto d'una contadina che, avendo preso ad accarezzare e portar tra le braccia un vitello fin dalla nascita, e continuando sempre a farlo, arrivò per l'abitudine a questo, che sebbene fosse ormai un grosso bue, lo portava ancora. Infatti la consuetudine è in verità una maestra di scuola prepotente e traditrice. Ci mette addosso a poco a poco, senza parere, il piede della sua autorità; ma da questo dolce ed umile inizio, rafforzato e ben piantato che l'ha con l'aiuto del tempo, ci rivela in breve un volto furioso e tirannico, di fronte al quale non abbiamo più neppure la libertà di alzare gli occhi. La vediamo forzare ad ogni istante le regole di natura"*.

Come Socrate fondava il suo metodo dialogico sull'ironia, ovvero il fingersi ignorante di fronte a tutto in modo da poter sviluppare un ragionamento che offrisse risposte comunemente accettabili, non scontate o viziate dall'opinione dei singoli, così Montaigne affrontava tutta l'opera dei *Saggi* con ironia narrativa, quella che noi oggi definiremmo "sottile ironia che smonta le certezze". Per svolgere tale compito egli parte da sé stesso, sottolineando i propri difetti e le proprie contraddizioni. Come Socrate, insomma, Montaigne ci ricorda come sia fondamentale mettere in discussione soprattutto noi stessi prima di giudicare fatti o comportamenti altrui. Alla fine siamo tutte persone con le stesse caratteristiche, indipendentemente dalla posizione sociale, e per questo dovremmo cercare di prenderci un po' meno sul serio.

V

FRENARE LA RABBIA, EVITARE LA VENDETTA

Vi sarà certamente capitato, talvolta, di "arrabbiarvi per niente". L'espressione è comune e indica quando dedichiamo il nostro tempo alla rabbia, all'ira e al rimorso, pur non essendocene il bisogno. Peccato che troppo spesso ci accorgiamo tardi di esserci adirati inutilmente. Arrabbiarsi è naturale, ma dobbiamo imparare a farlo quando serve e con le giuste maniere. Bisogna innanzitutto capire in tempo (prima che sia troppo tardi) quando stiamo usando l'ira nei modi e nei tempi scorretti. L'ira nasce spesso a causa di impressioni sbagliate e dalla nostra impazienza di giudicare troppo velocemente fatti, azioni ed opinioni. Questo ci porta a valutare in maniera errata la realtà e a prendercela sul personale, anche quando non ci sono torti rivolti contro di noi. È così che litighiamo, compromettiamo i rapporti con gli altri, perdiamo amici e soffriamo l'ambiente di lavoro.

A metterci in guardia dalla rabbia, ci vengono incontro le splendide pagine scritte dal filosofo romano Seneca (4 a.C – 65 d.C.) nel "De Ira":

> *"… causa dell'ira è l'impressione di aver ricevuto un torto, alla quale non si deve credere su due piedi. Neppure a ciò che è chiaro e manifesto*

dobbiamo credere subito, poiché certe menzogne hanno apparenza di vero. È sempre bene aspettare: giorno dopo giorno la verità verrà a galla. Non prestiamo orecchio ai maldicenti; è un vizio della natura umana credere volentieri a ciò che si ascolta malvolentieri, teniamolo presente e diffidiamone; ci adiriamo ancor prima di aver giudicato. Il colmo è che ci lasciamo influenzare non solo dalle calunnie, ma anche dai sospetti, diamo interpretazioni malevole a uno sguardo e a una risata altrui e ci arrabbiamo con chi non ha colpa. Perciò in difesa dell'assente dobbiamo far gli avvocati contro noi stessi e lasciare l'ira in sospeso; la pena rimandata può essere ancora inflitta, ma inflitta che sia non possiamo revocarla"

Ancora una volta, quindi, come già altri filosofi oltre a Seneca ci hanno insegnato, è l'attesa l'antidoto ai nostri errori, il non cadere nella trappola dell'istinto che esalta i nostri peggiori vizi tra cui l'ira.

"La cura più efficace contro l'ira sta nel prendere tempo".

Dobbiamo avere la capacità di fermarci a ragionare, sospendendo ogni giudizio, per evitare di agire in modo irrimediabilmente scorretto.
Strettamente collegato al concetto di ira è quello di vendetta. Spiega sempre Seneca come sia diffusa la convinzione che

arrabbiarsi produca un certo piacere e che ricambiare il dolore sia un'azione dolce. Il filosofo romano respinge con forza questa impostazione ricordandoci che, se nelle azioni buone è bello ripagare un favore con un altro favore, non si può dire altrettanto per le offese. Nel primo caso, infatti, è la sconfitta a provocare vergogna, mentre nel secondo è la vittoria.

Al bando, quindi, la vendetta:

> *"Vendetta è una parola disumana, cui si dà purtroppo valore positivo".*

Per Seneca, spesso, non solo non conviene vendicarsi, ma non conviene neppure riconoscere l'offesa. Chi ricambia l'offesa è diverso da chi la commette solo perché agisce per secondo. Egli pecca in maniera più giustificata ma pecca lo stesso. Inoltre è il tempo del rimuginare ad aggravare il nostro stato d'animo, per questo è meglio ignorare l'offesa.

> *"È tipico di un animo grande non tener conto delle offese: non essere giudicato in grado di dare soddisfazione, ecco il tipo più offensivo di vendetta!".*

Seneca si spinge oltre e si preoccupa anche di colui che offende. Il castigo più grande di un'offesa fatta è, infatti, proprio l'averla commessa. Il responsabile dell'offesa è, quindi, colui che soffre di più in quanto consegnato alla pena del pentimento. Ma Seneca non finisce qui e introduce un invito a considerare il perdono come elemento riparativo, capace di superare il conflitto e restituire serenità agli animi.

"Quanto è meglio sanare un'offesa che vendicarsene".

"La vendetta richiede molto tempo, chi si addolora per un'offesa si espone a molte offese; per tutti noi è più lungo il tempo in cui siamo adirati che quello in cui siamo offesi. Quanto è meglio prendere la strada opposta e non contrapporre colpa a colpa!".

Il perdono è superiore alla vendetta. In questo Seneca riprende un concetto già caro ai filosofi dell'antica Grecia. Pittaco (650 a.C. circa – 570 a.C. circa), considerato uno dei filosofi appartenenti ai cosiddetti *"Sette Sapienti"*, pare avesse perdonato l'assassino di suo figlio, spiegando che:

"Il perdono è migliore della vendetta. Il primo è tipico di indole mansueta, il secondo di indole animalesca".

Adirarsi, quindi, non serve a nulla. Benché meno vendicarsi. È un atto che ci fa perdere tempo, ci impedisce di dedicarci alle cose positive della vita, prime fra tutte le amicizie. Per cercare di esaltare l'indole mansueta del nostro essere e coltivare relazioni efficaci con gli altri occorre però esercitarci sul nostro io più intimo. Occorre, cioè, stare bene con sé stessi. Vediamo come.

VI
STARE BENE CON SE' STESSI

"Al mattino comincia subito a dire con te stesso: avrò da fare con gente che mette il naso negli interessi altrui; con ingrati; con violenti; con furbi; con malevoli; con gente non socievole. Tutto questo accadde a costoro per ignoranza del bene e del male".

A parlare è Marco Aurelio (121-180), imperatore romano conosciuto anche come "l'imperatore filosofo" per le parole "illuminate" dei suoi scritti raccolti nella celebre opera "*A se stesso*", un capolavoro di notevole spessore psicologico oltre che filosofico.

Marco Aurelio si ritrovò a fare l'imperatore contro il suo animo che lo spingeva invece alla filosofia. Ma egli fu un grande imperatore, ricordato oggi come uno degli "imperatori buoni" di Roma. Per svolgere al meglio il suo ruolo, Marco Aurelio era solito, come diremmo oggi, "darsi la carica" con qualche iniezione di fiducia. Per questo scriveva i suoi pensieri che, spesso, suonavano come consigli rivolti appunto a sé stesso. Marco Aurelio sentiva la necessità di migliorarsi. Solo partendo da una profonda conoscenza e accettazione del proprio io si possono tessere relazioni efficaci con gli altri.

Quante volte i nostri comportamenti possono essere influenzati da stati d'animo negativi e quante volte le persone con cui interagiamo sono ingiustamente vittime dalla nostra negatività o infelicità?

L'incapacità di muoversi bene e per il bene deriva spesso da qualcosa che si nasconde dentro di noi e che dobbiamo debellare.

L'uomo è un essere naturalmente socievole che necessita dell'interazione e della collaborazione con gli altri.

> *"Siamo nel mondo per reciproco aiuto, come piedi, come mani, come palpebre, come i denti di sopra e di sotto in fila; in conseguenza è contro natura ogni azione di reciproco contrasto"* (A se stesso, Libro II, I).

Marco Aurelio apparteneva alla corrente dello *stoicismo*. Per lui l'anima e il corpo erano due cose ben separate. Ed è l'anima il punto chiave in cui trovare soluzione alle proprie inquietudini.

Rifugiarsi all'interno di sé stessi per ritrovare l'ordine e la quiete interiore ci aiuterà ad agire meglio una volta "tornati" a fare i conti con la realtà di tutti i giorni:

> *"Si cercano un luogo di ritiro, campagne, lidi marini e monti; e anche tu sei solito desiderare fortemente un simile isolamento. Ma tutto questo è proprio di chi non ha la minima istruzione filosofica, visto che è possibile, in qualunque momento lo desideri, ritirarti in te stesso; perché*

*un uomo non può ritirarsi in un luogo più quieto o
indisturbato della propria anima, soprattutto chi
ha, dentro, principî tali che gli basta affondarvi lo
sguardo per raggiungere sùbito il pieno benessere:
e per benessere non intendo altro che il giusto
ordine interiore. Quindi concediti continuamente
questo ritiro e rinnova te stesso; e siano brevi ed
elementari i principî che, appena incontrati,
basteranno a purgarti da ogni nausea e a
congedarti senza che tu provi fastidio per le cose a
cui ritorni"* (A se stesso, Libro IV, III).

L'anima è il posto sicuro, mentre non avrebbe senso cercare
riparo in luoghi fisici che, spesso, ci danno soltanto l'illusione
di essere riparativi alle nostre angosce.
Quante volte avrete detto anche voi "cambio aria", "me ne
vado" o cose del genere. Si invoca ed evoca una fuga che il più
delle volte non sarà riparatrice.
"Rinnova te stesso" quindi, dice l'imperatore filosofo, partendo
dal nostro intimo.
Tale esercizio ci libererà del fastidio verso le cose della vita,
dalle ingiustizie che vediamo e dalla cattiveria che
riscontriamo in altri uomini. Rifugiarsi nella tranquillità
dell'anima ci permetterà di tornare alle cose di tutti i giorni con
più serenità (*"non agitarti e non darti troppa pena"*) ma
soprattutto da persona libera (*"sii libero"*) e capace di accettare
(*"guarda la realtà da uomo, da essere umano, da cittadino, da
essere mortale"*).
Marco Aurelio ci invita a non preoccuparci delle cose che
vediamo in quanto esse non toccano l'anima. Le nostre

preoccupazioni e turbamenti nascono semplicemente dalle opinioni che ci formiamo dentro di noi delle cose. Ogni cosa osservata in un momento, il momento successivo non ci sarà più, in quanto tutto è in mutamento e noi stessi siamo testimoni di questo (quante cose abbiamo osservato che oggi non ci sono più? Di quante trasformazioni siamo stati diretti testimoni?).

La frase meravigliosa e suggestiva con cui Marco Aurelio chiude la sua riflessione è una di quelle massime divenute eterne nel corso della storia:

"L'universo è trasformazione, la vita è opinione".

Fuggire, quindi, non serve a nulla, *"non dipende dai luoghi il male di cui soffriamo ma proprio da noi"*, ammoniva ancor prima Seneca, il quale alla tranquillità dell'animo aveva dedicato un saggio.

> *"E allora si mettono a viaggiare senza una meta precisa, di spiaggia in spiaggia, mettendo alla prova – per terra e per mare - la loro volubilità, sempre scontenti di quel che hanno. «Ora andiamo in Campania». Ma presto i luoghi raffinati li annoiano. «Cerchiamo terre selvagge: visitiamo la Calabria e le foreste della Lucania». In quelle solitudini desolate, però, si sente il bisogno di qualcosa di ameno con cui ristorare gli occhi, avvezzi alle belle cose, dallo squallore di quei luoghi aspri. «Andiamo a Taranto, col suo porto famoso, quel clima invernale tanto mite, e con*

*tante risorse da bastare anche per la popolazione
di una volta...»"*
(De Tranquillitate Animi, 2, 13).

E così via fino a tornare a Roma. Seneca conclude citando
Lucrezio:

"Così ciascuno sfugge sempre se stesso".
(De Tranquillitate Animi, 2, 14).

La tranquillità dell'animo si traduce in equilibrio nella
valutazione degli avvenimenti, delle opinioni e delle azioni,
aprendo la strada verso la saggezza.
Tranquillità ed equilibrio significano anche assenza di
presunzione e di arroganza, come ci ricorda ancora Seneca:

*"Penso che molti uomini sarebbero potuti arrivare
alla saggezza, se non avessero presunto di esservi
già giunti; soprattutto se non avessero volutamente
ignorato alcune debolezze o sorvolato su altre,
chiudendosi gli occhi".*
(De Tranquillitate Animi, 1, 17).

La saggezza e la moderazione rendono virtuosa e piacevole la
vita. Sul punto si sofferma Plutarco (46-127), anche lui autore
di un testo sulla tranquillità dell'animo.

*"...purifichiamo la sorgente della tranquillità
dell'animo, che è dentro di noi, affinché le cose*

esteriori, come fossero amiche di casa, si conformino a noi, che non ne abuseremo".

E cita Euripide:

"Adirarsi contro gli avvenimenti non conviene, ad essi non importa. Ma chi ne trarrà buon partito starà bene".

Plutarco introduce qui un ulteriore elemento, utile alla valutazione e gestione degli avvenimenti che ci coinvolgono in pensieri, decisioni e azioni: quello di saper vedere positivo ovvero di trarre giovamento dalle difficoltà.
In psicologia parleremmo di trasformare le cose (anche le più gravi e tristi) a proprio vantaggio oppure di ristrutturare situazioni che sembrano portare a risultati negativi ma che invece possono essere lette in modo diverso.
La regola di Plutarco è accettare ciò che ci accade e affrontarlo con moderazione e positività. Tale forma di buonsenso consentirà di intraprendere decisioni e azioni conseguenti certamente più ragionate e opportune rispetto all'istinto.
E ce lo spiega citando Platone e la metafora della partita di dadi.

"Platone paragonò la vita a una partita di dadi, in cui bisogna sia fare un lancio vantaggioso sia dopo il lancio sfruttare bene l'esito. Delle due mosse l'esito non dipende da noi, ma è affare nostro, e della nostra moderazione, accettare di buon grado gli effetti della fortuna e disporre ogni

evento in modo che ci giovi quanto più possibile se è conveniente, e quanto meno ci affligga se indesiderato. Infatti chi manca di arte e senso della vita (...) si esalta alla buona sorte e si deprime all'avversa (...)".

Ricapitolando.

Qualsiasi sia il ruolo che ricopriamo nella nostra quotidianità, siamo chiamati a pensare, scegliere, agire avendo bene a mente il fine a cui tendere, il punto a cui vogliamo arrivare. Per i filosofi antichi questo fine è il bene, per sé e per gli altri. Risvegliare il buonsenso innato che c'è in noi, ovvero quella dote di saper distinguere il bene dal male, usare la ragione e agire per il bene collettivo, è fondamentale per una vita giusta. Per fare questo abbiamo analizzato finora due tipi di atteggiamento: uno verso l'esterno e uno interno.

L'atteggiamento verso l'esterno presuppone il rapporto con gli altri, il dubbio come stimolo per migliorare l'analisi delle situazioni e dei fatti, la capacità di non affrettarsi a giudicare, l'ascolto e il dialogo per capire meglio le cose che si presentano davanti a noi.

L'atteggiamento interno è la propria serenità d'animo, la propria fermezza interiore, l'equilibrio e la tranquillità che ci consentono di trovare dentro di noi sempre l'energia giusta per affrontare al meglio qualsiasi decisione.

VII
SAPER MEDIARE

Ascoltati i consigli dei saggi su come porsi dinanzi a fatti e racconti esterni e, acquisite alcune cure per rendere il nostro animo predisposto all'equilibrio e alla serenità che rendono lucido il buon uso della ragione, siamo quindi pronti a mediare in caso di conflitto.

Cosa vuol dire? Essere mediatori significa saper facilitare l'uscita da una controversia attraverso la ricerca di una soluzione pienamente condivisa e soddisfacente per tutte le parti coinvolte. Ma si può, anzi si dovrebbe essere mediatori anche di sé stessi nelle scelte da compiere, nei comportamenti da assumere, nelle azioni da svolgere, nelle opinioni da esprimere. Non si tratta di un atteggiamento remissivo e non è da intendersi con un formale "darsi contegno o moderazione" (vedremo più avanti l'accezione positiva della moderazione). Si tratta invece di avere piena consapevolezza di sé e del mondo che ci circonda al fine di agire giustamente.

Il faro è, ancora una volta, il buonsenso come principio generale che, al di sopra di leggi e consuetudini, ci guida su un percorso di ricerca del bene comune.

Tale percorso è stato, per certi aspetti, accomunato alla ricerca della felicità, intesa appunto come piena realizzazione di sé stessi (*eudemonia*). Aristotele è vissuto tra il 384 e il 322 prima di Cristo ma sulla felicità pare averci visto lungo tanto che i suoi tre trattati etici (*"Etica Nicomachea"*, *"Etica Eudemia"*, *"Magna Moralia"*) sono ancora oggi dei "best seller" da cui traggono ispirazione studiosi, insegnanti e professionisti in ogni settore lavorativo.

A volte superficialmente frainteso, Aristotele aveva invece capito per primo che la felicità deriva da una piena comprensione di sé stessi e delle proprie qualità umane e dal modo in cui utilizziamo le nostre qualità in relazione con gli altri. Tale modo deve propendere al *"sommo bene"*, ovvero l'azione deve tramutarsi in un effetto giusto per sé e per gli altri. Così l'*"eudemonia"* che cerca Aristotele non è solo felicità, ma la totale consapevolezza che noi tutti possediamo gli strumenti per agire bene ed essere buone persone. Agendo in questo modo riceveremo in cambio le sensazioni di appagamento, serenità, soddisfazione, che prese insieme formano la felicità. Aristotele ci spiega come diventare persone più buone e specifica come l'azione migliore non debba prendere in considerazione semplicemente l'atto che si compie, ma anche il modo in cui si opera.

Agire bene, quindi, ma soprattutto capire come agire per ottenere il bene. Non si sta parlando di utilitarismo fine a sé stesso ma del sommo bene, ovvero un bene che è tale per tutti. Il bene è il fine, l'uomo non deve agire per fini diversi. Aristotele ci suggerisce un metodo all'azione e alla valutazione delle cose, ci parla di *"giusto mezzo"*. Ad una lettura sommaria dell'immensa opera aristotelica parrebbe che il filosofo greco ci suggerisca un modo per far prevalere in noi una sorta di autocontrollo che si realizza nell'equità matematica delle nostre scelte. Ma non è affatto così e sarebbe davvero ingeneroso e riduttivo far passare questo messaggio.

Aristotele parla piuttosto di *"medietà"* tra un eccesso e un difetto. Essa non è né un compromesso né qualcosa che accontenta parzialmente tutti in quanto equamente diviso e moderato. Tuttaltro, la medietà rappresenta la chiave per agire virtuosamente e trovare l'*eudemonia*. *"In medio stat virtus"* recita, non a caso, la celebre locuzione latina di cui possiamo ritenere Aristotele il primo ispiratore.

> *"La mitezza è a mezzo tra l'iracondia e l'impassibilità".*

> *"La liberalità è via di mezzo fra la prodigalità e l'avarizia".*

> *"La magnificenza è la via di mezzo fra la spacconeria e la meschinità".*

> *"Il giusto sdegno è la via di mezzo fra l'invidia e la malevolenza".*

> *"La serietà è a mezzo tra la superbia e la compiacenza".*

> *"L'amicizia è la via di mezzo tra l'adulazione e l'ostilità".*

E così via.

Aristotele mediava tra i caratteri. Ognuno di noi può migliorare sé stesso mediando fra i propri difetti, eccessi, impulsi e istinti. Il risultato sarà una caratteristica positiva che porta al comportamento giusto. Egli diceva che trattare i caratteri è parte e principio della politica e che, quindi, la sua opera doveva essere chiamata "politica" più che "etica" perché non è possibile compiere alcunché in campo politico senza essere *"di una certa qualità"*, persone *"dabbene"*.

La medietà aristotelica è l'equilibrio del carattere umano, quel buonsenso di capire le cose che osserviamo del mondo esterno per poi essere in grado di scegliere l'azione giusta da compiere o il giudizio da dare, o semplicemente le parole da usare in determinate circostanze. Saper scegliere attraverso la medietà significa trovare la migliore azione possibile tendente alla realizzazione del miglior bene. Se la persona ha trovato l'accettazione e la consapevolezza di sé, troverà più facilmente anche il giusto mezzo, ovvero lo strumento per ambire al sommo bene con le proprie scelte e azioni. La razionalità dell'uomo, quindi, per Aristotele, va intesa totalmente, ovvero comprensiva anche di ciò che proviamo, dei nostri sentimenti.

Infine la giustizia. Per Aristotele la giustizia non è solo *"ciò che è conforme alla legge"*, in quanto *"bisognerebbe indagare se giuste sono le cose che la legge ordina di compiere e se la legge prescrive le cose conformi a tutte le virtù"*. Piuttosto il filosofo greco si concentra anche qui sulla persona.

La vera giustizia nasce, pertanto, da quanto detto prima, ovvero dai comportamenti umani nelle relazioni sociali, che devono essere *"secondo tutte le virtù"* (*"il giusto in rapporto a un altro è diverso da ciò che viene definito giusto secondo legge"*, *"il giusto in rapporto a un altro è l'uguale"*).

I valori fondanti dell'uomo giusto sono la correttezza e la rettitudine. Anche la giustizia, intesa come correttezza nei rapporti sociali, è quindi un altro ingrediente per una felicità completa.

C'è in questa visione quell'elemento di completezza e "giustizia giusta" che ritroviamo nel concetto culturale di "mediazione", ovvero un modo per risolvere contenziosi giuridici, conflitti o incomprensioni attraverso il quale le persone si relazionano, aiutate da un terzo imparziale, al fine di trovare la soluzione giusta, corretta, pienamente soddisfacente per tutti. La mediazione non è nient'altro quindi, adattando i concetti suggeriti da Aristotele, che un'azione di ricerca della felicità, dove le persone partono da un'azione di medietà con sé stessi per poi relazionarsi al meglio con gli altri e cercare insieme "il sommo bene". Il "mediare" è quindi la ricerca del punto di incontro da cui nasce l'accordo perfetto, dell'armonia totale. La differenza, in un mondo pieno di regole, di iniquità, ingiustizie e difficoltà, la fanno quindi le persone di buonsenso o, se preferite, "coloro che mediano".

VIII
ESSERE TEMPERANTI
(Capitolo aggiunto nell'edizione unica)

Tra i comportamenti virtuosi che agevolano la ricerca del *"giusto mezzo"* di cui abbiamo appena parlato, c'è quello della moderazione. Attenzione però a non farci trarre in inganno da questo termine, non sempre letto sotto una chiave positiva. Soprattutto nel nostro tempo, purtroppo, si è andata diffondendo la convinzione che l'essere moderati, gentili, educati, prudenti, miti e pacati, siano comportamenti remissivi, i quali dimostrerebbero una certa debolezza nei confronti di chi esibisce invece autorità, toni accesi, se non addirittura linguaggio e atteggiamenti maleducati. Ma la debolezza risiede proprio in coloro che si affrettano a dire la loro, a non restare indietro su nulla, a parlare sopra l'altro, ad aggredire. Come già detto nelle pagine precedenti, l'attesa nel giudicare, il dubbio, l'analisi delle questioni, sono propedeutiche ad una sana riflessione e, di conseguenza, all'azione migliore per il miglior risultato. Intendiamoci, è naturale esprimere rabbia o commentare qualcosa d'istinto, ma è altrettanto naturale e, soprattutto, virtuoso saper depositare l'ira per accendere il confronto costruttivo. Socrate, per voce di Platone, parlava di *"nulla di troppo"*. Occorre, cioè, saper eliminare il superfluo dalle nostre conoscenze e dai nostri comportamenti per concentrarci sull'ottenimento del buon risultato, che per

Platone coincide anche con l'utile, non in termini utilitaristici soggettivi, bensì come il buono utile alla comunità (es. il bene comune è buono e quindi utile, e come tale va perseguito). Di conseguenza, proprio un confronto dialettico, depurato dal "troppo", deve essere condotto al fine di raggiungere un accordo, come ricorda Platone nel dialogo socratico "*Amanti*" ovvero "*Sulla filosofia*":

> "*Non cerco nient'altro se non che ci si metta d'accordo sulle cose che sono state dette*".

Socrate e Platone parlano esplicitamente di "*giusta misura*" ovvero un atteggiamento volto a cogliere di una determinata questione solo le conoscenze che risultino veramente utili per il raggiungimento del bene comune. Si tratta, per certi versi, di un concetto che anticipa il "*giusto mezzo*" di Aristotele, analizzato nel capitolo precedente. Traslando nella pratica quotidiana tale attitudine scopriamo che non è affatto facile selezionare in modo corretto ciò che serve ad azionare una buona e giusta soluzione in un determinato contesto in cui siamo chiamati a esprimerci o decidere. In ogni situazione, soprattutto controversa, infatti, siamo continuamente aggrediti da un'ampia mole di informazioni. Sta a noi saperle pesare e considerare in termini virtuosi, scegliendo le buone e scartando il troppo (ovvero l'utile e l'inutile). I nostri sentimenti negativi (pregiudizi, condizionamenti, ira, invidia, gelosia, etc.) sono peraltro sempre lì pronti a farci sbagliare strada. Ecco, quindi, che, insieme al concetto di "*giusta misura*", ci viene incontro la *temperanza*, ovvero la capacità di assumere un atteggiamento moderato e di autocontrollo rispetto al problema da risolvere e agli interlocutori coinvolti. Platone parlava di "*auto-dominio*", riferito proprio all'importanza di far prevalere la ragione alla passione (qui intesa come turbamento emotivo). Nel "*Gorgia*" Platone riferisce del dialogo tra Socrate e Callicle a proposito della temperanza. Quest'ultimo è convinto che la temperanza voglia dire "*dominare gli altri*", mentre Socrate ritiene che la temperanza sia "*dominare sé stesso*" in conformità con la sua massima "*conosci te stesso*". Conoscersi a fondo nella propria anima e avere il controllo di sé stessi è per Socrate il comportamento che favorisce le azioni buone e giuste, il criterio per discernere ciò che è buono da ciò che è cattivo secondo giusta misura e giusto mezzo. Avere piena conoscenza di sé permette innanzitutto di capire se si è buoni o cattivi per poi riconoscere tale distinzione anche sugli altri.

L'impresa è però ardua in quanto Callicle, come purtroppo accade a molti (lo dicevamo a premessa di questo capitolo), vede nella temperanza un atteggiamento remissivo e di debolezza nei confronti degli altri. Ecco in che modo si rivolge a Socrate:

"Quanto sei soave! Tu chiami temperanti gli stolti!"

Socrate non si arrende di fronte al tono deciso e di scherno utilizzato dal suo interlocutore. Attraverso il dialogo conduce Callicle ad un'analisi approfondita e ragionata della questione. Quest'ultimo conviene con il maestro, il quale conclude:

"Non è proprio dell'uomo temperante né perseguire né fuggire ciò che non si conviene,

Riassumendo. Per agire bene, Socrate e Platone ci esortano in primis a conoscere noi stessi; poi a praticare la *giusta misura* e la *temperanza*, ovvero l'*auto-disciplina* che cura l'anima. Così temperanza è *giustizia*, come ricorda Platone negli *"Amanti"*:

L'unica differenza tra i due concetti risiede nella loro valenza: individuale la prima (autodisciplina), collettiva la seconda (disciplina della comunità):

Morale della favola: se vogliamo essere giusti, dobbiamo innanzitutto essere temperanti.

IX
ESSERE MITI
(Capitolo aggiunto nell'edizione unica)

In che modo l'uso del buonsenso è avvantaggiato in relazione al carattere di una persona? Abbiamo già enunciato come il buonsenso costituisca una qualità innata dell'essere umano e che, come tale, tutti siamo potenzialmente in grado di utilizzarlo allo stesso modo. Cartesio, però, ci ricordava in precendenza come esso non venga affatto utilizzato in modo uguale da tutti gli uomini. Anzi, come sappiamo, in tanti non lo usano affatto. Il buonsenso è come un attrezzo del mestiere nel percorso della vita, è una risorsa di cui disponiamo nel nostro bagaglio di partenza: sta a noi saperla usare. Chi la usa meglio può ambire ad un'esistenza virtuosa improntata alla giustizia e allo star bene con gli altri. Ma, ci chiediamo, esistono tipi caratteriali o disposizioni d'animo che possono agevolare l'uso del buonsenso? Nelle pagine precedenti abbiamo incontrato la temperanza, la quale va coltivata. Che dire, invece, della mitezza?

Le due virtù potrebbero apparire sovrapponibili ma non è così, seppur emergano punti di incontro. Possiamo affermare che la mitezza è una componente che aiuta sia la pratica della temperanza che la ricerca della mediazione (*giusto mezzo* e *giusta misura*). Le dedichiamo, quindi, una breve analisi affidandoci alle belle parole contenute nel trattato *"Elogio della Mitezza*" del grande filosofo torinese Norberto Bobbio (1909 – 2004).

L'indimenticato filosofo politico non parla di buonsenso ma traccia l'identikit dell'uomo mite dopo essersi soffermato sul concetto di "*mitezza*", anche da un punto di vista giuridico (Beccaria, Zagrebelsky, per citare alcuni eminenti giuristi che hanno fatto uso del termine *mitezza* in relazione al diritto).

Ne riassumo alcuni passaggi rimandandovi alla lettura completa del saggio. non potendo qui essere esaustivo. La "*mitezza*" è una qualità che permette all'uomo di condurre una vita virtuosa. Per definirla in modo preciso, Bobbio si affida alle parole del filosofo torinese Carlo Mazzantini il quale definì la "*mitezza*" con la bellissima espressione:

"lasciare essere l'altro quello che è".

Quindi, il "*mite*" è colui che lascia essere l'altro ciò che è, anche se l'altro è arrogante, protervo, prepotente. La "*mitezza*" è il contrario dell'arroganza, dell'ostentazione dell'arroganza, della prepotenza. L'uomo mite è fuori dalla competizione, dalle gare, dalla rivalità. Egli vorrebbe vivere una vita in cui non esistano né vincitori né vinti. Ma, attenzione, Bobbio sottolinea come "*mitezza*" non equivalga affatto a "*remissività*". Il remissivo è colui che rinuncia a lottare per paura o debolezza, mentre il mite rifiuta il senso della lotta per come gli uomini lo intendono, ovvero mosso dalla vanità, dal narcisismo, dal desiderio di primeggiare. L'uomo mite non si lascia sopraffare dal desiderio di vendetta e non perpetua le liti per principio o puntigliosità. Ma, se il mite rinuncia ad avere ragione vuol dire che è cedevole? Nemmeno. Bobbio sottolinea l'animo da mediatore dell'uomo mite. La cedevolezza, infatti, è la disposizione di colui che ha accettato la logica che nella vita tutto (o quasi) costituisca una gara dove deve esserci sempre un vincitore e un vinto. Il *"mite"* non è vendicativo, non serba rancore, non alimenta l'odio, non rimugina sulle offese ricevute, non riapre le ferite. Egli vuole stare prima di tutto in pace con gli altri perché solo così sarà in pace con sé stesso. Il *"mite"*, inoltre, non è un bonario, superbo, modesto. La modestia è spesso una falsa sottovalutazione di sé stessi mentre la mitezza non è una disposizione verso sé ma verso gli altri. Infine il *"mite"* è tollerante, rispetta gli altri senza chiederne in cambio la reciprocità (al contrario di ciò che affermava Kant sul fatto che ogni uomo ha il diritto di esigere il rispetto dai propri simili ed è reciprocamente obbligato egli stesso al rispetto verso gli altri). La *"mitezza"* è quindi una virtù sociale e unilaterale. Norberto Bobbio giustifica la scelta di parlare della mitezza, anche se egli si sente caratterialmente distante da tale virtù, come una "reazione alla società violenta in cui siamo costretti a vivere". Parole che tuonano quanto mai attuali.

Ecco che, a completamento del nostro ragionamento, rientra in gioco l'uso del buonsenso di cui tutti gli uomini dispongono, anche quelli caratterialmente diversi dall'uomo mite. Saper individuare e usare il buonsenso avvicina chiunque alla virtù e aiuta a comportarsi nel modo più vicino possibile al *"mite"*, disposizione vincente per una vita buona e giusta. In conclusione l'uso del buonsenso non è proprio solo dell'uomo mite, ma quando i due coincidono nella stessa persona si ottiene probabilmente un risultato più immediatamente efficace.

Come abbiamo già visto con il concetto di *"giusta misura"* di Socrate e Platone, di *"medietà"* o *"giusto mezzo"* di Aristotele, di *"mitezza"* e *"equità"* in Marco Aurelio, appare chiara l'idea che questo tipo di virtù erroneamente ritenute deboli o secondarie rispetto ad altre che stimolano maggiormente le passioni del sé (forza, competizione, orgoglio, etc.) sono invece la chiave per una vita felice in armonia col prossimo, in quanto proprio dal rispetto dell'altro traggono la propria origine e forza.

X
ESSERE FILOSOFI

(Capitolo aggiunto nell'edizione unica)

I protagonisti del dialogo *"Amanti"* di Platone discorrono sull'utilità di rivolgersi a un filosofo. Perché mai qualcuno dovrebbe aver bisogno di un filosofo? Se sto male chiamo un medico, se sono a bordo di una nave in tempesta mi rivolgo al capitano, e così via. In questo senso il filosofo sembrerebbe inutile perché c'è sempre un esperto in un'arte specifica. Ma se, al tempo stesso, affermiamo che le cose inutili sono cattive e le cose utili sono buone, e riteniamo che la filosofia sia una cosa benne e che i filosofi siano buoni, allora come fanno questi a essere anche inutili?

> *"Il filosofo è un uomo che non è schiavo di nessuna arte. Al contrario si occupa di tutto in giusta misura".*

A quanti di noi sarà capitato, almeno una volta nella vita, di domandarci a cosa serva la filosofia. Soprattutto durante il periodo delle scuole superiori, negli indirizzi in cui è presente la materia filosofica, credo che qualche momento di difficoltà nel comprenderne l'utilità pratica sia del tutto fisiologico. Presi come siamo dall'imparare un mestiere per poter lavorare e guadagnare, non abbiamo tempo da perdere con l'attività del

81

pensiero. Senza usare la testa, però, non si va da nessuna parte. Non è un caso che i migliori (e per migliori non intendo necessariamente i più ricchi) artisti, insegnanti, imprenditori, professionisti e politici, coloro che coniugano con successo il proprio benessere lavorativo con quello degli altri, coloro che coniugano con la produttività con l'etica, siano anche filosofi. Ciò non significa che occorra laurearsi tutti in filosofia, ma semplicemente che bisogna occuparsene nella quotidianità. La filosofia non è, quindi, il sapere molte cose o essere competenti in tutto, ma l'arte di essere migliori; quella capacità di governare sé stessi che possa poi avere risvolti pratici nella qualità della vita propria e degli altri, qualsiasi sia l'ambito lavorativo e sociale in cui ci troviamo a vivere.

"Non si è mai troppo giovani o vecchi per occuparsi di filosofia. Non farlo significa rinunciare a essere felici".

A sdoganare l'idea che la filosofia debba essere a portata di tutti senza limiti d'età, uscendo così dalle aule accademiche per diffondersi nelle strade, ci ha pensato il filosofo Epicuro (341 a.C – 270 a.C). L'aforisma appena sopra citato è l'incipit della sua celebre *"Lettera a Meneceo"*, meglio conosciuta come *"Saggio sulla Felicità"*.
Epicuro collega con un rapporto di causa-effetto il filosofare con il raggiungimento della felicità. Tutti hanno diritto di essere felici e, per questo, tutti devono occuparsi di filosofia, siano essi giovani o adulti. Occuparsi di filosofia significa muovere il pensiero, ritagliarsi uno spazio quotidiano per

riflettere, fermarsi, meditare, ragionare e analizzare le situazioni della vita quotidiana.

Scegliere un'azione di buonsenso presuppone l'esercizio filosofico del pensare, con tutte le componenti che abbiamo visto finora e con quelle che incontreremo più avanti. Spiega ancora Platone:

> *"L'arte che rende migliori gli uomini è la stessa che sa disciplinare in modo giusto e permette di riconoscere i buoni dai cattivi".*

Platone, infine, sognava la filosofia protagonista anche nella politica e, quindi, nel buon governo dei cittadini, tanto da rischiare la vita a Siracusa nella missione di far diventare il tiranno un *re-filosofo*. Rendendo migliori sé stessi ci si deve occupare della cosa pubblica disciplinando in modo buono e giusto la collettività. Ecco cosa scrive nella *"Settima Lettera"*, opera in cui spiega le ragioni dei suoi viaggi in Sicilia e nella quale, nonostante il fallimento della missione, esorta tutti a perseverare nel coltivare la filosofia e a consigliarla agli altri:

> *"I mali non avrebbero mai smesso di affliggere le sorti dell'umanità finché una generazione di filosofi saggi e integri non fosse ascesa al governo, oppure finché coloro che detenevano il potere nelle città, per un'ispirazione divina, non si fossero dedicati essi stessi alla filosofia".*

Oggi possiamo tranquillizzare Platone che il suo impegno non è stato vano: è la filosofia che tiene ancora vivo il mondo. La filosofia deve far parte del bagaglio culturale e educativo di ognuno di noi, soprattutto di chi aspira a governare o guidare, sé stessi come gli altri.

Per essere in grado di riconoscere e applicare il buonsenso (in quanto elemento buono e utile) dobbiamo quindi dedicare sufficiente spazio alla filosofia.

XI

ESSERE NEUTRALI, IMPARZIALI

Passiamo ora a domandarci quale debba essere il punto di vista di chi applica il buonsenso. Abbiamo detto come il fine del buonsenso sia l'agire bene e per il bene comune, libero da utilitarismi personali o comunque di parte.

Vedremo successivamente come il buonsenso debba anche prendere in considerazione i possibili effetti delle azioni e quanto debba valutare e tener conto delle circostanze in cui ci si trova ad operare.

È però, a questo punto, fondamentale precisare come la posizione della persona "virtuosa", che agisce quindi con buonsenso, debba sforzarsi di osservare le cose con la massima, possibilmente piena, neutralità e imparzialità.

Il filosofo ed economista scozzese Adam Smith (1723-1790), celebre per la sua opera "*La ricchezza delle Nazioni*" e per la teoria della "*mano invisibile*", si è occupato molto anche di filosofia morale. Ne è chiara testimonianza l'ampio trattato "*Teoria dei Sentimenti Morali*", da alcuni osservatori visto in contraddizione con le tesi dello Smith economista. Tale perplessità non ha, però, alcuna ragion d'essere, visto che Adam Smith insegnò filosofia morale all'Università di Glasgow. L'apparente contraddizione tra lo Smith etico e lo Smith economista sta nel rilievo del carattere egoista dell'essere umano. Se nel principio della mano invisibile Smith vede nell'azione egoista e utilitarista del singolo, un modo che finisce per contribuire comunque all'interesse collettivo della società, l'incipit della *Teoria dei Sentimenti Morali* appare più benevolo nei confronti della natura umana:

> *"Per quanto egoista si possa ritenere l'uomo, sono chiaramente presenti nella sua natura alcuni princìpi che lo rendono partecipe delle fortune altrui, e che rendono per lui necessaria l'altrui felicità, nonostante da essa egli non ottenga altro che il piacere di contemplarla (...). Il fatto che spesso ci derivi sofferenza dalla sofferenza degli altri è troppo ovvio da richiedere esempi per essere provato; (...). Nemmeno il più gran furfante, il più incallito trasgressore delle leggi della società ne è del tutto privo".*

Smith crede nel fatto che l'uomo abbia delle doti naturali che lo predispongano necessariamente al rapporto con gli altri, nonostante la caratteristica dell'egoismo presente anch'essa nella natura umana.

Nella *"Teoria dei Sentimenti Morali"* Smith non trascura affatto l'inclinazione dell'uomo a compiacere a sé stesso, ma trova in questa caratteristica una funzione che funge da stimolo alla ricerca dei giusti e corretti comportamenti. Per questo elabora la teoria dello *"spettatore imparziale"*, un giudice interiore capace di *"sottomettere l'arroganza all'amore di sé"*.

"Sebbene, perciò, possa essere vero che ogni individuo, nel suo cuore, naturalmente preferisca se stesso all'intera umanità, tuttavia egli non osa ammettere di fronte all'umanità di comportarsi secondo questo principio. Sente che gli altri non potrebbero mai condividere questa preferenza, e che per quanto possa essere naturale per lui, deve sempre apparire eccessiva e abnorme a loro. Quando considera se stesso nella luce in cui è consapevole che lo considereranno gli altri, riconosce che per loro egli non è altro che uno dei tanti, in nessun rispetto migliore di qualsiasi altro. Se vuole agire in modo che uno spettatore imparziale possa prendere parte ai principi della sua condotta, cosa che più di ogni altra egli desidera fare, deve, in questa come in tutte le altre occasioni, sottomettere l'arroganza del suo amor di sé, e attenuarla fino a un punto che gli altri uomini possano condividere. Essi la potranno tollerare solo fino a consentirgli di essere più preoccupato della propria felicità e di perseguirla con più zelante assiduità che quella di qualsiasi altra persona. Fino a questo punto, ogni volta che si metteranno nella sua situazione, lo condivideranno prontamente".

Lo spettatore imparziale non è un artificio che l'uomo si impone come metro di condotta nel proprio agire; è piuttosto anch'esso un elemento innato riferibile alla coscienza, all'animo, al saper distinguere ciò che è buono e cattivo, giusto e sbagliato.

Anche Smith si sofferma sui comportamenti parziali che finiscono per colpire vittime incolpevoli:

> *"Non appena abbiamo a che fare con interessi più importanti, troviamo che per compiacere un uomo quasi certamente siamo scortesi con un altro, e che per assecondare un singolo individuo spesso possiamo irritare un intero gruppo di persone. La condotta più leale ed equa deve frequentemente ostacolare gli interessi o contrastare le inclinazioni di particolari persone, le quali avranno raramente sufficiente franchezza per prendere parte all'appropriatezza dei nostri moventi, o per riconoscere che questa condotta, per quanto sgradevole per loro, è del tutto idonea alla nostra situazione".*

I nostri interessi particolari, da cui derivano atteggiamenti contrastanti con altre persone, non possono essere compresi.

Per questo motivo *"allo scopo di difenderci da tali giudizi parziali, impariamo presto a istituire nelle nostre menti un giudice che si ponga tra noi e coloro con i quali viviamo".*

Dobbiamo agire, suggerisce Smith, come se fossimo costantemente osservati da un terzo esterno, neutrale e imparziale, uno *"spettatore imparziale che considera la nostra condotta con la stessa indifferenza con cui consideriamo quella di altre persone".*

A questo punto, se lo spettatore imparziale approvasse i nostri comportamenti, ci sentiremmo in pace con noi stessi, soddisfatti, *"giusti e appropriati oggetti di approvazione, malgrado la critica dei nostri compagni"*. Se, invece, il nostro giudice interiore ci condannasse, sentiremmo dentro di noi il disgusto e l'insoddisfazione. Le voci di chi ci acclamerà ci suoneranno come *"rumore dell'ignoranza e della follia"*.

E' il rimorso la conseguenza più logorante del cattivo agire:

> *"L'orrore della solitudine lo riconduce all'interno della società, ed egli si ritrova alla presenza dell'umanità, stupito di comparire di fronte agli altri, carico di vergogna e sconvolto dalla paura, per supplicare qualche minima protezione da parte di quegli stessi giudici dai quali sa di essere già stato unanimemente condannato. Tale è la natura del sentimento che è propriamente detto rimorso, il più terribile di tutti i sentimenti che possano penetrare nell'animo umano. Esso è composto di vergogna, per il senso della inappropriatezza della condotta passata; di pena, per gli effetti di questa; di pietà per coloro che hanno sofferto per causa sua; e di paura e di terrore della punizione, per la coscienza del risentimento giustamente provocato in tutte le creature razionali"*.

Mentre le azioni approvate dal nostro spettatore imparziale ci restituiscono felicità e sono degne di ricompensa. La mente si riempirà di serenità, allegria, calma.

"È in amicizia e in armonia con tutta l'umanità e considera i suoi simili con confidenza e benevola soddisfazione".

Per la natura dell'uomo di compiacere a sé stesso, è presente in Smith una sorta di criterio di reciprocità. L'azione buona è meritevole dell'approvazione e lode degli altri, degna di ricompensa.

Se l'azione di buonsenso non implica, secondo la nostra visione, il ricevimento di una ricompensa altrui, risultando sufficientemente appagante il senso di giustizia e felicità derivante dalla semplice correttezza e giustezza del nostro comportamento, Smith rileva come l'uomo abbia invece in sé naturale il principio dello scambio, fattore non presente in altre specie. Scrive infatti nella sua opera *"La Ricchezza delle Nazioni"*:

"Chi ha mai visto un cane scambiare un osso con un altro cane?".

XII

CONSIDERARE L'INTENZIONE,
LE CIRCOSTANZE E GLI EFFETTI

"Un'azione è buona se non è cattiva in alcun modo" è un precetto che appare scontato ma non lo è affatto.

La frase di Tommaso D'Aquino (1225-1274), proclamato santo da Papa Giovanni XXII nel 1323, presuppone un'analisi approfondita della situazione in cui ci troviamo ad agire.

Vanno, infatti, considerati elementi finora non valutati adeguatamente quali l'intenzione, le circostanze in cui avviene l'azione e gli effetti dell'azione.

Un'azione di buonsenso deve partire da una buona intenzione circa il fine da ottenere e tale fine deve riguardare tutti (fine non individualista o particolare).

Scrive Tommaso nella sua imponente opera *"Somma Teologica"*:

> *"(...) le azioni umane e tutte le altre cose la cui bontà dipende da altro, desumono la loro bontà dal fine a cui tendono, oltre che dalla bontà intrinseca esistente in esse"*.

L'azione di buonsenso, oltre al buon fine, deve considerare anche i possibili effetti concreti e le variabili. Il risultato di un'azione di buonsenso deve essere condiviso da tutti e non può essere in alcun modo né cattivo né percepito come ingiusto da alcuno. La connessione che trasforma l'intenzione in azione, che mira ad ottenere un fine buono ed effetti buoni e giusti, è la ragione.

Il buonsenso attiene all'anima, ma anche alla ragione. È la ragione che trasforma intenzione e volontà in azione.

Non sempre, però, è facile o possibile ottenere un risultato comunemente accettato come giusto.

L'esempio riportato nelle pagine precedenti dell'anziana che commette furto in un supermercato attiene anche alla valutazione delle circostanze e dei possibili effetti delle decisioni messe in campo dai soggetti coinvolti (dal direttore del supermercato che decide di rimproverare platealmente la signora e chiamare i Carabinieri ai Carabinieri stessi che, una volta intervenuti, decidono di saldare il conto del supermercato per conto della signora).

Le cronache dei giornali ci raccontano quotidianamente fatti in cui il circuito dell'intenzione, azione ed effetto non produce risultati comunemente accettabili come buoni nel massimo modo possibile.

Tempo fa ho letto di un gruppo di ragazzi che, trascorso il sabato pomeriggio a fare shopping in una città vicina al loro paesino di residenza, decidono di rientrare a casa prendendo un treno senza, però, pagare il biglietto che sarebbe costato loro circa due euro. Sono tutti minorenni tra i 15 e i 17 anni.

Tra la cittadina dove si sono recati a fare acquisti e il loro paese c'è una distanza di circa 10/15 chilometri al massimo, quindi un viaggio di una decina di minuti.

Il controllore, però, accortosi della violazione dei ragazzi di viaggiare senza biglietto, li invita a scendere alla prima stazione utile.

Tra la stazione di partenza e il loro paese il treno effettua fermata in una piccola stazione automatizzata (ovvero senza personale umano) dove sostano pochissimi treni regionali nell'arco delle 24 ore.

I ragazzi, a soli 3 km da casa si ritrovano così, in piena sera, in una stazioncina di campagna piuttosto deserta e, soprattutto, isolata rispetto al centro abitato.

Uno di loro decide di attraversare i binari per entrare nella stazione, ma viene tragicamente travolto da un treno veloce che sopraggiunge proprio in quel momento. Per il giovane non c'è stato nulla da fare: è deceduto sul colpo davanti agli occhi degli amici.

Questa triste vicenda ci riporta al nostro discorso iniziale. Premesso che non è questa la sede né per emettere giudizi su fatti e comportamenti, di cui abbiamo sommari dettagli pervenuti da organi di stampa, né per effettuare rilievi giuridici che spettano agli organi competenti, è però utile porci alcune domande finalizzate al nostro ragionamento.

Partiamo dall'effetto. Un giovane minorenne ha perso la vita e tale fatto provoca un senso di ingiustizia nella maggior parte dei lettori della stessa notizia. In più gli altri ragazzi hanno subìto un trauma psicologico non indifferente nell'assistere impotenti alla tragedia.

Proseguiamo guardando alle azioni compiute dai protagonisti del fatto: alcune di esse sono senza dubbio sbagliate quali il non pagare il biglietto e il non usare il sottopassaggio per attraversare i binari. Dall'altra parte, invece, l'azione del controllore che sanziona i ragazzi facendoli scendere dal treno è da considerarsi giusta o sbagliata? Qui il ragionamento è più delicato. Qualcuno potrebbe rispondere che il controllore ha semplicemente applicato la legge, svolgendo così il suo dovere; qualcun altro aggiungerebbe, invece, che il controllore avrebbe potuto valutare le circostanze quali l'età dei ragazzi, la brevità del viaggio, la tenuità del fatto visto che il mancato pagamento dei due euro di biglietto poteva essere originato da un'intenzione di compiere una bravata oppure dall'essere rimasti sprovvisti di denaro dopo lo shopping in città. L'approfondimento di tali elementi avrebbe potuto o dovuto indurre il controllore a riflettere su quale decisione fosse meglio adottare analizzando anche le possibili conseguenze di essa?

Per quanto fosse difficile prevedere uno scenario così tragico, il controllore avrebbe potuto e/o dovuto scegliere di evitare l'esposizione di ragazzi minorenni a qualsiasi rischio, anche minimo, ma comunque possibile in una stazione deserta in tarda sera, nonostante la lettera di leggi e regolamenti?

In sé, quindi, l'intenzione, tornando a Tommaso, poteva essere buona (insegnare ai ragazzi che il biglietto va pagato o, più semplicemente, applicare le regole) ma l'effetto non lo è stato (l'investimento di uno dei ragazzi).

Il buonsenso, quindi, interviene sopra e oltre le regole (ad esempio pagare il biglietto), attraverso la valutazione delle circostanze (nel nostro caso: età, tenuità del fatto, distanza, costo irrisorio del biglietto, dovere di responsabilità di pubblico ufficiale verso minori) per permetterci di trovare una soluzione al problema che sia percepita e accettata da tutte le parti come la più giusta in quel determinato momento. La nostra soluzione ideale è un'azione che tende al bene e che non produce alcun effetto cattivo. Avrebbe potuto il controllore pensare ad un fine rieducativo dei ragazzi scegliendo di adottare una decisione diversa da quella assunta?

Il buonsenso funge, quindi, anche da deroga, in determinate circostanze, alle regole stabilite da una comunità, se l'azione che produce tende ad un risultato che soddisfa pienamente colui che la compie, colui che la riceve e la comunità stessa nella quale si svolge il fatto.

Si tratta di un principio generale che sta sopra ogni norma e muove quel senso di bontà e giustizia che migliora la convivenza civile e la giustizia stessa, elevandola al grado di "giustizia giusta".

Il buonsenso è il faro che ispira la nostra condotta nell'esercizio di qualsiasi professione e nella nostra vita quotidiana.

Tommaso D'Aquino ordinava così la bontà delle azioni umane:

> *"Si possono considerare quattro tipi di bontà nell'azione umana. La prima generica cioè dell'azione come tale: poiché l'agire (...), per quanto ha di atto e di entità, altrettanto ha di bontà. La seconda specifica: che dipende dall'oggetto proporzionato. La terza secondo le circostanze: come se fossero degli accidenti. La quarta, poi, secondo il fine, cioè quasi in rapporto alla causa della bontà".*

Purtroppo abbiamo visto che non sempre è possibile (né facile) determinare con certezza l'azione giusta da compiere. Il buonsenso può venirci incontro ma ci sono casi in cui l'effetto delle azioni nate da buone intenzioni non è sempre buono in assoluto. Può capitare infatti che un'azione porti ad un risultato buono in un senso e cattivo in un altro. Può capitare, altresì, che tale azione sia già frutto della consapevolezza che si determinerà comunque anche un effetto cattivo, nonostante la nostra azione ci appaia come la migliore possibile.

Il ragionamento sopra esposto prende il nome di *"Dottrina del Duplice Effetto"*, elaborata anch'essa da Tommaso D'Aquino. Secondo la teoria del duplice effetto è possibile, da un punto di vista etico, ritenere lecita un'azione anche se da essa derivano due conseguenze, una buona e una cattiva. Ma per consentire l'approvazione morale di una tale situazione è necessario che si verifichino quattro condizioni: 1) l'azione deve essere buona o neutrale; 2) l'intenzione di chi agisce deve essere buona e l'effetto negativo deve essere al massimo previsto ma non inteso come fine dell'azione; 3) l'effetto buono non deve dipendere dal verificarsi dell'effetto cattivo; 4) non è possibile impedire il verificarsi dell'effetto cattivo con alcuna azione e l'effetto buono deve essere più grande dell'effetto cattivo.

La dottrina di Tommaso è utile per spiegare i cosiddetti *"dilemmi morali"*, questioni dove la scelta da compiere si scontra con il nostro sentimento morale.

A rendere ancora più chiaro il concetto di *"dilemma morale"* è intervenuta, con un'ampia produzione filosofica, la pensatrice inglese Philippa Foot (1920-2010), dichiaratamente ispirata alle dottrine di Aristotele e Tommaso D'Aquino, allieva di

Elizabeth Anscombe (1919-2001), anche lei studiosa di etica e morale.

Philippa Foot è colei che per prima ha posto il noto problema del *"carrello ferroviario"*. La situazione è la seguente: poniamo che un carrello ferroviario stia correndo incontrollato a tutta velocità e che, sul suo percorso, ci siano cinque uomini legati sui binari che verrebbero sicuramente investiti e uccisi. Ci rendiamo conto, passeggiando casualmente nella zona, di ciò che sta per avvenire. A pochi passi da noi notiamo la presenza di una leva che, se azionata, devierebbe la corsa del carrello ferroviario su un binario secondario, evitando l'investimento dei cinque uomini legati sul binario principale. Sul ramo secondario, però, vi è comunque un altro uomo legato sulle rotaie che perderebbe ugualmente la vita. Il dilemma è se azionare lo scambio (in questo modo verrebbero salvate le vite dei cinque uomini legati sul ramo ferroviario principale, ma verrebbe sacrificata la vita dell'uomo legato sul ramo deviato) oppure no. Voi cosa fareste?

Ci troviamo di fronte ad un problema dove appare impossibile evitare una conseguenza cattiva. Nella migliore delle ipotesi morirà comunque una persona, nella peggiore cinque.

Ho proposto personalmente questo dilemma in vari corsi di formazione che svolgo, sia a studenti che professionisti di vario settore, per verificare direttamente ciò che gli studi di Philippa Foot e altri filosofi moralisti hanno prodotto.

Il risultato è pressoché identico in ogni aula e vale a dire che la stragrande maggioranza delle persone a cui viene posto il dilemma si dichiarano pronti ad azionare la leva e deviare il carrello sul binario in cui è presente un solo uomo. In questo modo salverebbero la vita a cinque persone sacrificandone "solo" una.

Di fronte ad una scelta in cui comunque vada ci sarà un risultato negativo, le persone intervistate preferiscono scegliere il cosiddetto *male minore*. Solo una piccola percentuale, meno del dieci percento, dice di preferire lasciar correre le cose per come avvengono e quindi di non intervenire nell'azionare la leva dello scambio. L'esperimento è stato riproposto con una variante dalla filosofa e scrittrice statunitense Judith Jarvis Thomson. In questo caso si ipotizza che siamo spettatori casuali della stessa scena precedente, però da un cavalcavia (la ferrovia dove è in corsa il carrello è quindi sotto di noi). Vicino a noi si trova ad osservare la scena anche un uomo di grossa stazza. Non possiamo azionare alcuna leva di scambio ma nell'immediato potremmo spingere l'uomo robusto dal cavalcavia per fare in modo che si frapponga tra il carrello e i cinque uomini legati sui binari.

In questo modo, quasi certamente, la stazza dell'uomo (che morirebbe nell'impatto col carrello o comunque per la caduta dal cavalcavia) fermerebbe la corsa del carrello salvando la vita ai cinque uomini legati.

Cosa fareste? Sacrifichereste la vita dell'uomo spingendolo dal cavalcavia?

Le risposte a questa seconda variante ribaltano la situazione precedente. Più del novanta percento degli intervistati, infatti, non spingerebbe l'uomo dal cavalcavia e si limiterebbe a osservare inesorabilmente la scena dell'investimento del carrello ferroviario ai danni dei cinque malcapitati.

Qual è il motivo della divergenza nelle risposte tra il primo e il secondo esperimento? In entrambi i casi si tratterebbe di sacrificare una vita umana salvandone cinque, eppure la maggioranza delle persone avverte una differenza che induce loro a scegliere soluzioni contrapposte.

La chiave di tutto ciò sta nell'intenzione. È il concetto a cui abbiamo fatto riferimento in precedenza.

Nel primo caso, quello della leva che aziona lo scambio, non si ha intenzione di uccidere ma di salvare la vita a cinque persone, anche se si prevede che possa comunque morire una persona presente nello scenario (è legata sull'altro binario). La leva si frappone tra l'intenzione e il risultato dell'azione, in qualche modo filtrandola.

Nel secondo caso, invece, una persona estranea allo scenario verrebbe intenzionalmente uccisa per salvare la vita a cinque persone.

Se nel primo caso potrebbe venire in soccorso la dottrina del duplice effetto, non si può dire lo stesso per la seconda situazione dove l'intervento umano verrebbe stavolta giudicato dagli stessi uomini come immorale, ingiusto e cattivo.

Se ci pensiamo non è così diverso da quanto accade, ad esempio, nella legittima difesa. Un eventuale atto contro la persona (poniamo un aggressore o un rapinatore) per salvare la propria vita o quella degli altri da un concreto e imminente pericolo, verrebbe "assolto" dall'intenzione di salvare la propria vita e quella di chi sta subendo eventualmente con noi la stessa aggressione. La valutazione immediata della circostanza porta ad azionare degli atti che potrebbero avere come conseguenza estrema l'uccisione dell'aggressore. Se, al contrario, noi ci sentissimo genericamente in pericolo, ma senza un reale motivo, dalla presenza di "persone sospette" in un certo luogo e decidessimo di far loro del male per sentirci "tranquilli", ebbene tale atto nascerebbe con un'intenzione cattiva e non potrebbe essere giustificabile nemmeno dalle circostanze, del tutto frutto di fantasie e impressioni soggettive.

Il "gioco" si complica ulteriormente con un'ennesima variante al problema del carrello: il cosiddetto "*loop*". Prendiamo il primo caso e ipotizziamo che il ramo deviato dove è presente una sola persona legata sui binari non termini su una direzione autonoma ma finisca per ricollegarsi al ramo principale in senso contrario. Ciò implicherebbe che, qualora azionassimo la leva e il carrello investisse la persona presente sul binario "salvando" i cinque presenti sul binario principale, la corsa del carrello, dopo l'investimento, potrebbe proseguire andando a ricongiungersi col binario principale e rischiando così di investire comunque i cinque malcapitati. È vero che la corsa del carrello, dopo l'urto con il primo soggetto, potrebbe rallentarsi notevolmente e arrestarsi di lì a poco, ma rimane un'eventualità, seppur minima, che invece ciò non accada e che il carrello investa quindi ben sei persone e non una.

Come e quanto andrebbe considerata tale eventualità nel decidere se azionare o meno la leva? Peserà di più la maggior probabilità che il carrello si fermi prima di tornare sul ramo principale, oppure il minimo rischio che finisca per investire tutte e sei le persone presenti sui binari?

Infine, per complicarci sempre di più la vita, ipotizziamo che la persona presente sul binario deviato sia a noi conosciuta come un delinquente. Il nostro giudizio personale su persone a noi note ci influenzerebbe sulle decisioni da prendere in una simile circostanza? Se anche nell'esempio precedente del cavalcavia, riconoscessimo nell'uomo robusto al nostro fianco un noto malvivente? A questo punto il "sacrificio" di tale persona potrebbe giustificare "in ogni caso" le nostre intenzioni e decisioni?

Pur con tutta la "buona volontà" abbiamo visto come assumere la decisione giusta sia a volte impresa davvero ardua, se non impossibile.

XIII
SENTIRE E RAGIONARE:
LA MORALE COME DOVERE

Quella sul concetto di "intenzione" è una discussione aperta che ha visto e vede coinvolti diversi filosofi, psicologi e giuristi. Il tema è quale valore attribuire all'intenzione. È qualcosa che attiene esclusivamente al senso, quindi ai sentimenti, oppure riguarda la ragione? E in che misura a uno o all'altra o a entrambi?

A dare un contributo fondamentale al dibattito in questione è stato Immanuel Kant (1724-1804), filosofo tedesco il cui pensiero è ancora oggi tra i più influenti.

Egli considera la *predisposizione al bene* della natura umana come un dono divino che l'uomo deve essere in grado di sfruttare al meglio contro la capacità di compiere azioni cattive, che non sarebbe però da attribuire ad una condizione "naturale". Nel trattato *"La religione nei limiti della semplice ragione"*, affrontando il tema del *"male radicale della natura umana"*, Kant suddivide in tre inclinazioni la natura umana: 1) la disposizione all'*animalità* in quanto essere vivente; 2) la disposizione all'*umanità* in quanto essere vivente e allo stesso tempo anche razionale; 3) la disposizione alla *personalità* in quanto essere ragionevole e, allo stesso tempo, capace d'imputazione (capacità di libero arbitrio).

La prima disposizione è di tipo meccanico e non necessita della ragione. Riguarda la cura di sé stessi, la riproduzione e la cura dei figli. L'animalità porta con sé anche dei vizi che Kant definisce come *vizi della rozzezza* o addirittura *bestiali* quando si esprimono attraverso un significativo allontanamento dalla natura. In particolare, tra questi vizi, il filosofo tedesco indica l'intemperanza, la lussuria e il disprezzo selvaggio delle leggi nel rapporto con gli altri uomini.

La seconda disposizione, invece, pur riguardando sempre l'amore di sé, è comparata con l'uso della ragione in quanto un criterio di misurazione della propria felicità è il paragone con gli altri. Per questo ci teniamo a procurarci un valore nell'opinione altrui, valore che in origine è indicato nell'uguaglianza.
Tale desiderio di uguaglianza porta con sé delle conseguenze quando non viene ben modulato e gestito. Infatti se la nostra preoccupazione diventa quella di non concedere ad alcuno la supremazia sopra di noi e siamo anche preoccupati che gli altri tendano naturalmente a competere con noi proprio per dimostrarsi superiori, nascono vizi molto gravi basati sulla gelosia e sulla rivalità. Kant li definisce *vizi della civiltà* e comprendono l'invidia, l'ingratitudine, la gioia per i mali altrui. Sono *vizi diabolici* che oltrepassano con il loro male l'umanità.

La terza disposizione, invece, riguarda la capacità di sentire rispetto per la legge morale. Kant ne parla come *motivo di per sé stesso sufficiente del libero arbitrio*. Il sentimento morale è motivo del libero arbitrio che ha per qualità la bontà del suo carattere. Il buon carattere del libero arbitrio può soltanto essere acquistato e, per essere possibile, deve trovare una disposizione al bene nella nostra natura umana.

Le tre disposizioni sopra enunciate appartengono quindi alla possibilità della natura umana e sono incancellabili dall'uomo anche se egli può utilizzare le prime due in modo contrario ai loro fini.

Kant ha lavorato molto sul concetto di morale ed ha esposto le sue teorie principalmente nella *"Critica della Ragion Pratica"*, una complessa e articolata indagine sull'esistenza di una legge morale universale a cui bisogna aderire.

È il dovere, insieme all'intenzione, l'altro termine ricorrente della filosofia morale di Kant.

E qui abbiamo aggiunto un importante tassello che ci fa capire come Kant dia fondamentale importanza alla ragione in luogo della sensibilità.

Per Kant basta la ragione a determinare la volontà. L'uomo è dotato di ragione ed è anche razionale. Inoltre, l'uomo possiede la libertà, elemento fondamentale attraverso il quale può costruire l'oggettività della legge morale in quanto *"darsi un dovere"* non è nient'altro che un atto dipendente dalla libera volontà. La legge morale universale deve astenersi dal muoversi per mezzo dei sentimenti, è sufficiente la ragione.

La legge morale, quindi, esiste ed è indubitabile. Tale assioma non necessita, per Kant, di alcuna dimostrazione.

> *"Nessuna deduzione può dimostrare la realtà oggettiva della legge morale"*.

L'etica "kantiana" sostiene che tutti possiamo comportarci moralmente allo stesso modo, in osservanza della legge morale universale, determinata dalla nostra libertà, che ci obbliga ad assumere determinati comportamenti che non devono però essere frutto di sensibilità, di sentimenti o di opportunità utilitaristiche personali. È la mediazione continua tra la ragione e sentimento.

Tale dovere di osservanza di una legge morale universale si basa sull'imperativo categorico: *"Devi perché devi"*. L'unica legge morale a cui l'uomo risponde è quindi il "senso del dovere".

Gli imperativi categorici sono la legge morale e le massime sottostanti agli imperativi categorici, per Kant, sono universalizzabili ovvero possono essere valide per qualunque essere umano che si trovi nelle medesime condizioni e circostanze. In sostanza le massime partono da princìpi soggettivi che l'uomo, attraverso la volontà di adesione alla forma del senso del dovere, deve rendere universalizzabili (formalismo kantiano).

> *"Agisci in modo che la massima della tua volontà possa valere sempre, al tempo stesso, come principio di una legislazione universale".*

Non è quindi tanto il contenuto della massima ad assumere importanza quanto il suo successivo inserimento alla forma del *"devo perché devo"* e quindi alla legge morale universale.

In termini pratici non è fondamentale il contenuto ma il "come" viene attuata un'azione (non "faccio perché è giusto quello che faccio" ma "faccio perché devo").

"Se un essere razionale deve concepire le sue massime come leggi pratiche universali, esso può concepire queste massime soltanto come princìpi tali che contengano il motivo determinante della volontà, non secondo la materia, ma semplicemente secondo la forma".

Ritornano in parte i concetti di imparzialità, in termini però differenti da quelli incontrati precedentemente con Adam Smith, quest'ultimo molto più interessato al sistema dei sensi e della coscienza che agiscono in modo da indicarci una via di rettitudine.

Per Kant non è accettabile l'utilitarismo nella morale e poneva le persone su un eguale livello dove l'individualismo non può prevalere sugli altri:

"Agisci in modo da considerare l'umanità, sia nella tua persona, sia nella persona di ogni altro, sempre anche come scopo, e mai come semplice mezzo".

La persona, quindi, è al di sopra di tutto e non può essere strumentalizzata per i propri desideri egoistici e soggettivi.

Ma il fulcro dell'azione secondo la legge morale kantiana è la *"Gesinnung"* ovvero l'intenzione di cui parlavamo prima. L'intenzione è il motivo (detto anche *movente*) per cui svolgiamo un'azione e per Kant questo è più rilevante delle conseguenze dell'azione stessa.

Quindi, un'azione è morale se rispetta la legge universale, ovvero se il motivo che ci spinge all'azione si tramuta da massima soggettiva in regola oggettiva applicabile universalmente.

La teoria morale dell'intenzione non è stata esente da critiche. In particolare i dubbi di alcuni studiosi si sono soffermati sul fatto che la legge universale kantiana non sempre si presterebbe in modo adeguato a risolvere dilemmi morali o conflitti tra doveri, laddove emergano contraddizioni (es. dire il falso a fin di bene è un'azione morale o immorale? Qual è la regola universale? Non mentire o fare del bene?). Ma, inoltre, la morale kantiana può suscitare qualche perplessità nel non considerare gli effetti di un'azione. Possono, infatti, essere sempre giustificabili azioni che seguono l'intenzione buona ma finiscono per produrre conseguenze negative? Per questa posizione, apparentemente radicale, Kant viene definito un *deontologista,* ovvero la scuola di pensiero che prevede in ogni azione umana il rispetto delle norme etiche universali a prescindere dalle conseguenze delle stesse azioni (vedremo invece più avanti la teoria opposta del *consequenzialismo*).

Kant ci aiuta, in ogni caso, ad aggiungere un altro importante chiarimento al nostro discorso sul buonsenso. Abbiamo visto come il buonsenso potrebbe sì porsi come criterio universale uguale in tutti gli uomini al fine di razionalizzare le buone e giuste intenzioni e produrre le buone e giuste azioni, ma anche come esso non possa prescindere da una previsione delle possibili conseguenze delle azioni. Il buonsenso serve non solo ad agire bene attraverso buone e oggettive intenzioni, ma anche (e forse soprattutto) a generare soluzioni che non abbiano alcun effetto cattivo.

Col buonsenso potremmo dire che a essere universalizzato è proprio il risultato che viene accettato da tutti allo stesso modo per la sua bontà e giustizia. Si tratta di un *movimento virtuoso e circolare* del buonsenso, il quale parte dalla norma etica universale; la deroga solo in caso di necessità (valutazione delle circostanze e delle possibili conseguenze di un'azione) per poi, infine, riaffermarla con forza nel risultato finale.

La nostra teoria sul buonsenso sembra, quindi, inserirsi con maggiore agio in un'ottica consequenzialista pur non trascurando affatto la componente deontologica offertaci da Kant, come vedremo più avanti.

XIV
ESSERE ONESTI

L'onestà è un concetto che ha a che fare con la giustizia. Essere onesti significa essere anche giusti e difficilmente l'onesto provocherebbe del male, se non per errore. Così la pensava Cicerone (106 a.C. – 43 a.C.), avvocato e politico romano, conosciuto anche come abilissimo oratore.

Cicerone riteneva che ogni atto onesto scaturisse da una di queste quattro fonti: la ricerca del vero; dare a ciascuno il suo e osservare lealmente i patti; la saldezza dello spirito; la misura dei nostri atti e delle nostre parole, ovvero la moderazione e la temperanza.

Da ognuna di queste fonti Cicerone derivava una serie di doveri, elencati e spiegati nella sua celebre opera *"De Officiis"*.

Il vivere insieme degli uomini è per Cicerone uno dei motivi fondamentali per cui si deve praticare l'onestà.

Il vivere in comune si distingue in due parti: la giustizia e la generosità.

> *"Fra le altre specie dell'onesto, la più ampia ed estesa è quella su cui si fonda la società degli uomini e, per così dire, la comunanza della vita. Due sono le sue parti: la giustizia, che ha in sé il più fulgido splendore della virtù e che conferisce*

*agli uomini il nome di buoni; e, ad essa congiunta,
la beneficienza, che può anche chiamarsi
generosità o liberalità".*

E per Cicerone il primo compito della giustizia è che *"nessuno
rechi danno a nessuno"*.
Ritorniamo, quindi, a ribadire, grazie a Cicerone, come il bene
sia un fine a cui tendere che trova conferma anche dalla bontà
del risultato.

Qual è il segreto per condurre una vita giusta e onesta?
Cicerone non ha dubbi: occuparsi anche degli altri. E cita
Platone:

*"(...) come ha scritto splendidamente Platone, noi
non siamo nati soltanto per noi, ma, della nostra
esistenza, una parte la rivendica per sé la patria, e
un'altra, gli amici".*

È necessario dedicarsi agli altri in quanto è la natura stessa che
ha messo in condizione l'uomo di giovarsi l'uno con l'altro:

*"(...) tutto ciò che la terra produce è a vantaggio
degli uomini, e gli uomini furono generati per il
bene degli uomini, affinché possano giovarsi l'un
l'altro a vicenda".*

Per questi motivi Cicerone indica la natura come via da
seguire, mettendo a disposizione di tutti le cose che siano di
utilità per tutti gli uomini.

Cicerone dà molta importanza al concetto di fiducia che è alla base della giustizia e dell'onestà, soprattutto in riferimento agli accordi. Bisogna osservare lealmente i patti stipulati e non crediamo di fare un torto all'illustre oratore romano se aggiungiamo che gli stessi patti debbano essere stipulati attraverso il principio della buona fede, elemento che è stato assorbito anche nel nostro Codice civile. Fiducia e buona fede vanno di pari passo per creare le condizioni non solo per trovare l'accordo ma soprattutto per rispettarlo.

Se mancano la lealtà, la fiducia e la buona fede, è possibile, per Cicerone, che la causa sia la paura. La malafede e la mancanza di fiducia verso gli altri, così come le ingiurie e gli atti che arrecano danno agli altri, traggono origine dalla paura:

> *"(...) colui che medita di recar danno a un altro teme che, non facendo così abbia a subir lui qualche malanno"*.

Ma alla base, ancora una volta, degli atteggiamenti dell'uomo contro i propri simili, vi è un forte desiderio di affermazione individuale:

> *"E in questa colpa ha grandissima parte l'avidità del denaro"*.

Cicerone, quindi, è certo che il "sommo bene" si misuri col criterio dell'onestà. Chi invece crede che esso vada conquistato attraverso la ricerca del proprio vantaggio si ritroverà a non coltivare né l'amicizia, né la giustizia, né la liberalità.

XV

SAPER COMUNICARE

Quando parliamo di azione non escludiamo l'atto del comunicare. Lo abbiamo già detto parlando della maieutica socratica, ma è bene soffermarsi qualche pagina in più sull'argomento per approfondire taluni aspetti sull'uso del linguaggio. L'esprimersi è comunque un'azione che scaturisce da un'elaborazione del pensiero. Il buonsenso, quindi, riguarda sia il dire che il fare, così come riguarda l'ascoltare. La società umana è basata sulle relazioni. È da esse, o meglio dalla loro qualità, che conseguono percorsi di crescita umana e professionale, in un'ottica di una sempre più serena e felice convivenza civile. Per questo motivo il linguaggio assume un'importanza davvero fondamentale. Il nostro modo di usare le parole, di esprimerci e di convogliare il nostro messaggio all'interlocutore che abbiamo di fronte, realizza molteplici conseguenze. Le nostre espressioni possono, infatti, essere fraintese; possono aprire le porte a incomprensioni e conflitti, talvolta, insanabili; possono offendere. In modo molto semplicistico, oggi si afferma che, per comunicare correttamente, occorra essere sinceri. Tante volte sentiamo utilizzare l'espressione *"Dico in faccia quello che penso"*. Vi sarà certamente capitato di ricevere una tale affermazione, magari anche di pronunciarla. Di tale affermazione ne esistono alcune varianti: quella giustificativa del tipo *"Io sono fatto così, dico in faccia quello che penso"*, quella educata *"Scusa ma io sono così, dico in faccia quello che penso"*, quella autoreferenziale e narcisista *"Io sono uno sincero e onesto, dico in faccia quello che penso"*, infine quella eroica *"Io ho il coraggio di dire in faccia quello che penso"*, e così via.

Nel dialogo tra due persone, dire all'altro quello che si pensa è giusto? È corretto? È utile? Con quali modalità e regole ci si dovrebbe esprimere? Ma, soprattutto, che cosa significa l'espressione *"dico quello che penso"*?

Appare dubbio, quindi, che sia sufficiente essere animati da sincerità per ottenere una comunicazione efficace che dia anche vita, se possibile, ad un dialogo virtuoso.

Ciò perché la parola necessita, come ogni altra azione fisica, di essere pensata, scelta in base al suo significato, ragionata sia nelle modalità di espressione e azione, sia nella valutazione delle possibili conseguenze.

Occorre, quindi, che la parola tenga conto della sensibilità altrui, ovvero di chi ascolta. Si può, infatti, essere ugualmente sinceri scegliendo una forma di linguaggio corretta e rispettosa dell'altro.

Non basta, quindi, la sincerità di chi si esprime a rendere giusto un discorso. Bisogna che egli tenga conto della personalità e sensibilità di chi ascolta. Usare parole appropriate al contesto e alla sensibilità del nostro interlocutore è un precetto fondamentale per Cicerone, ben espresso nel *"De Oratore"*:

> *"Il fondamento dell'eloquenza, come di tutte le altre cose, è il buon senso; in un discorso, così*

come nella vita, niente è più difficile quanto capire cosa sia appropriato. Questo concetto, che i Greci chiamano 'prepon' e che in latino è definito 'decorum', è meritevole di una attenzione particolare: trascurandolo si compiono errori non solo nella vita, ma molto spesso anche nella letteratura e nell'arte della comunicazione".

Per Cicerone, colui che si prepara a tenere un discorso deve saper riconoscere sempre che cosa sia appropriato, non solo sul piano dei pensieri, ma anche su quello dell'espressione. L'arte del comunicare, quindi, è preceduta dall'arte del ragionare. Inoltre, è indispensabile che lo scopo del nostro parlare sia oggettivo e buono. Se il fine della comunicazione è quello di destabilizzare l'interlocutore sul piano umano, emotivo e professionale, senza volerlo realmente coinvolgere in alcun tipo di confronto costruttivo e reciproco, allora questa non è comunicazione ma esercizio di arroganza. La comunicazione efficace non ammette alcun atteggiamento di superiorità, di prevaricazione e di pregiudizio. Il fine è condividere idee per costruire qualcosa, possibilmente insieme, o per risolvere delle questioni animati dalla ricerca della verità. La comunicazione è, quindi alla base della miglior collaborazione tra persone. Per questo, la comunicazione vincente si sviluppa nel dialogo, principio socratico che ritorna qui in tutta la sua forza, come ci ricorda ancora Plutarco, il quale esalta l'importanza dell'ascolto:

"Se è vero che chi gioca a palla impara contemporaneamente a lanciarla e a riceverla,

*nell'uso della parola invece il saperla accogliere
bene precede il pronunciarla"*.

Il dialogare in modo civile e costruttivo non vuol dire, però, sacrificare la forza comunicativa delle proprie idee e la propria espressività in nome della tranquillità a tutti i costi. Si può avere un'opinione molto divergente da quella del nostro interlocutore senza che questo impedisca una buona comunicazione. Tale differenza, anzi, deve fungere da stimolo al confronto. Anche il confronto più duro è degno di essere affrontato se basato sul rispetto reciproco e sul buon uso della parola. Non ci deve mai essere un soggetto che imponga la sua visione all'altro. La bellezza del confronto dialettico, ovvero la conversazione, ci viene ricordata da Montaigne nei suoi Saggi:

> *"L'esercizio più utile e naturale del nostro spirito è, a mio avviso, la conversazione. [...] se fossi forzato a scegliere, acconsentirei piuttosto a perdere la vista rispetto all'udito e alla parola"*.

Conversare fa bene allo spirito, dunque, soprattutto quando non c'è comune visione col proprio interlocutore:

> *"Se converso con uno spirito forte, con uno che si destreggia gagliardo e abile, questo mi preme sui fianchi, mi pungola a sinistra e destra; le sue idee slanciano le mie"*.

Le idee dell'uno sono fonte di creatività per l'altro, in un circolo virtuoso basato sulla capacità di confrontarsi, anche aspramente:

"Il nostro spirito si rafforza attraverso la comunicazione con gli spiriti vigorosi e morigerati".

Non bisogna avere paura del confronto delle idee, soprattutto quando c'è rispetto reciproco:

"Le contraddizioni tra giudizi, dunque, non mi offendono né mi alterano: al contrario, mi risvegliano e mi tengono in esercizio".

Per Montaigne gli uomini non amano essere corretti dagli altri. Critiche e correzioni, soprattutto se giungono attraverso una conversazione e non per dottrina, sono invece degne di essere ascoltate. Quando ci vengono esposte delle critiche o idee difformi dalle nostre, tendiamo a pensare di più a come potercene sbarazzare anziché considerare la loro eventuale giustezza. Per il filosofo francese dobbiamo, quindi, essere più accoglienti verso le critiche:

"Invece di tendere le braccia, noi tendiamo gli artigli".

Montaigne specifica più di una volta che il vivace conversare ha senso solo seguendo le regole della correttezza reciproca e il perseguimento di un nobile e oggettivo fine comune che equivale alla ricerca della verità:

"Quando qualcuno mi contraddice risveglia la mia attenzione, non la mia rabbia; io vado incontro a chi mi istruisce. La causa della verità dovrebbe essere la causa comune di entrambi".

Infine, egli mette in guardia dal pericolo dell'ira, come già avevamo visto con Seneca in precedenza, capace di disperdere i potenziali risultati positivi del buon comunicare. La "passione della collera" urta col giudizio e ci offusca la mente. La confusione è ormai padrona della nostra mente e ci impedisce di ragionare. Ciò accade nei conflitti, nelle controversie, dove è la rabbia a comandare. A questo proposito Montaigne è impetuoso e autoironico:

"Sarebbe bene scommettere sul risultato delle nostre controversie, e che restasse un segno tangibile delle nostre perdite, così da poterne tener conto; e sarebbe utile che il mio servitore potesse dirmi: L'anno scorso vi è costato venti volte cento scudi l'essere stato ignorante e cocciuto".

In conclusione, il buonsenso guida anche la comunicazione. Bisogna ragionare prima di parlare e saper trovare le parole appropriate al contesto, alla situazione, al carattere e alla sensibilità del proprio interlocutore. Abbiamo visto, all'inizio del saggio, come prima di esprimersi su un qualsiasi fatto o situazione, sia necessario ascoltare, capire, riflettere e porsi dei dubbi. Chi sa fare buon uso delle parole guadagna persino in autorevolezza, diventando persuasivo.

Aristotele, nella "Retorica", ci spiega proprio questo:

> *"[...] attribuiamo infatti credibilità, in misura*
> *maggiore e più rapidamente, alle persone perbene,*
> *in generale su qualunque questione, e interamente*
> *riguardo a quelle in cui non esiste la certezza, ma*
> *vi è discordanza di opinioni".*

Tendiamo, quindi, a dare fiducia a chi parla se egli è considerato persona perbene e affidabile. Così anche l'efficacia del suo discorso ne esce rafforzata. Quante volte chiediamo consiglio agli amici? Sono le persone di cui più ci fidiamo perché sanno muoverci critiche e dispensarci dei saggi consigli. Loro ci conoscono bene e sanno trovare le parole più appropriate per predisporre il nostro animo all'ascolto. Non solo. Gli amici non si esprimono per utilitarismo personale. La purezza della loro comunicazione, grave o dolce che sia, ha, infatti, come fine il bene comune. Il buonsenso nella comunicazione consiste proprio in questo: produrre parole utili, amiche e non ostili, nemmeno nella critica e nel dissenso.

XVI
PRODURRE FELICITA'

Abbiamo fatto ancora alcuni passi avanti nella nostra indagine sul buonsenso. Dal ragionamento di Kant abbiamo dedotto che il buonsenso non può non tenere conto degli effetti delle azioni e con Cicerone abbiamo ribadito, rafforzandolo, il concetto della socialità dell'uomo e del suo bisogno di stare con gli altri e per gli altri. Tale comunanza di vita è alla base dell'onestà. Abbiamo poi esteso la riflessione anche all'importanza del linguaggio.

Considerare gli effetti delle nostre azioni, oltre che la bontà delle nostre intenzioni, è un atteggiamento di tipo consequenzialista, come abbiamo già accennato.

A parlare per la prima volta di *consequenzialismo* fu Elisabeth Anscombe (1919-2001), insegnante di Philippa Foot, la filosofa che elaborò il dilemma del carrello ferroviario, incontrato in precedenza.

La Anscombe si dedicò molto all'etica scrivendo, fra gli altri, il testo "*Modern Moral Philosophy*" nel 1958.

Sostanzialmente la filosofa inglese sostiene che la responsabilità si basi sulle conseguenze delle nostre azioni più che sul senso del dovere e sull'intenzione di kantiana formulazione.

Prevedere gli effetti è un'attività necessaria nell'uso del buonsenso.

Questo tipo di meccanismo parte dall'osservazione per poi passare dalla valutazione, individuare l'intenzione, valutare le circostanze, compiere l'azione cercando di considerare tutte le possibili conseguenze e, infine, prendere atto degli effetti concreti. Un'azione di buonsenso non dovrebbe produrre effetti negativi per alcuno.

È innegabile che la fase preparatoria all'azione assume un'importanza strategica, ma gli eventuali effetti negativi di un'azione che sia nata, però, da una buona intenzione non possono automaticamente "assolvere" l'azione stessa.

Ecco perché è importante distinguere tra *consequenzialismo* e *utilitarismo*.

Il consequenzialismo considera gli effetti di un'azione in ottica neutrale, il cui fine è cioè il bene comune. L'utilitarismo considera anch'esso il risultato di un'azione, partendo però da un punto di vista parziale che antepone l'interesse particolare del singolo individuo alla valutazione degli effetti collettivi, pur comunque in un'ottica di beneficio comune. In realtà, come vedremo, questa definizione è limitante e ingenerosa rispetto alla reale portata dell'utilitarismo inteso come corrente filosofica.

Il padre dell'utilitarismo è considerato Jeremy Bentham (1748-1832), filosofo inglese che si è occupato molto di questioni legate alla giustizia, ponendo le basi del diritto moderno proprio degli Stati democratici.

Bentham è stato senza dubbio ispiratore della "politica del buonsenso". Morale e legislazione sono componenti essenziali del suo ragionamento sviluppato nella sua opera principale *"Introduzione ai princìpi della morale e della legislazione"*.

A Bentham interessava la felicità delle persone in quanto cittadini di una nazione.

Per questo la felicità individuale non poteva prescindere dalla politica di governo e dalla felicità degli altri.

Erroneamente giudicato come il filosofo del piacere individuale di natura egoistica, Bentham guardava, invece, molto di più al benessere e alla felicità di tutta la comunità di quanto si possa dedurre da una lettura superficiale delle sue opere.

Anche Bentham, come Smith, tiene conto di un elemento "egoistico" nel carattere umano ma non lo condanna. Egli ritiene che l'individualismo dell'essere umano si manifesti nell'aspettarsi un "ritorno" dalle azioni che compie e che questo ritorno si misuri in termini di piacere e di assenza di dolore.

Il fine dell'uomo è quindi il piacere, il maggior piacere per la massima felicità.

> *"(...) in ogni cuore umano l'interesse rivolto a sé stessi predomina su tutti gli altri interessi messi insieme"*.

Per Bentham tale stato di cose è naturale in quanto se la felicità di un individuo A è affidata completamente alle cure di un individuo B e viceversa, la specie non sopravviverebbe.

Il "sano egoismo", come lo chiameremmo oggi, è quindi una capacità naturale di poter provvedere alla propria felicità anche in assenza di elementi altruistici o di reciprocità e collaborazione con altri uomini.

Ciò non significa che ognuno debba pensare solo a sé stesso né tantomeno che la propria felicità debba essere causa di infelicità altrui.

Per questo motivo Bentham guarda alla politica, alla legislazione e al governo come fabbriche produttive di felicità.

La teoria di Bentham è chiamata anche *"principio della massima felicità"* e si esprime chiaramente nel suo *"Constitutional Code Rationale"*, progetto di un codice costituzionale di cui però scrisse solo il primo libro e, soprattutto, nel suo celebre trattato *"Introduzione ai principi della morale e della legislazione"*:

> *"Il retto e appropriato fine del governo in ogni comunità politica è la massima felicità di tutti gli individui di cui essa e composta.*
> *Per dirlo in altre parole, la massima felicità del maggior numero".*

Ogni individuo può adoperarsi per il proprio piacere e felicità, purché lo faccia non solo senza arrecare danno agli altri, ma altresì muovendosi in modo che anche gli altri beneficino di tale piacere.

Bentham era certamente all'avanguardia per il contesto politico e sociale dell'Inghilterra del suo tempo.

Egli rivolgeva l'attenzione in particolare ai governanti, veri responsabili della produzione di felicità.

Chi governa è in posizione di conflitto tra la ricerca dell'interesse generale e un proprio particolare interesse. La scelta di buonsenso, in questo caso, deve essere quella di far entrare l'interesse particolare dei governanti in accordo con l'interesse universale. Bentham divide la questione in tre princìpi: il primo principio prescrive ciò che deve essere; il secondo ciò che è; infine, il terzo prescrive i mezzi per attuare la congiunzione degli interessi.

Egli chiamava l'interesse particolare come "*interesse sinistro*" in contrapposizione a quello "*destro*" che corrisponde all'interesse universale. E spiega così il metodo per attuare la congiunzione dei due interessi:

> "*La natura del caso non ammette altro metodo se non distruggere l'influenza e l'effetto di qualunque interesse sinistro alla cui azione un individuo possa essere esposto per la posizione in cui è: se questo viene fatto, egli sarà perciò virtualmente privato di ogni interesse sinistro*".

Gli effetti degli interessi particolari e delle aggregazioni di interessi particolari devono quindi essere distrutti in favore dell'applicazione di un maggioritario interesse retto e appropriato.

Ma in che modo un governante può riuscire a sovrastare gli interessi sinistri?

Qui Bentham offre una visione democratica della questione parlando di ricompensa e punizione.

È chiaro che a un sovrano che ha tutto, né la ricompensa né la punizione appaiono metodi efficaci, la prima perché un sovrano ha già tutto in suo potere, la seconda perché "*non esiste individuo dalle cui mani possa essere costretto a ricevere o riceverà una cosa simile"*.

Pertanto la conclusione di Bentham è che per governare nell'interesse universale e creare la massima felicità per il maggior numero di individui occorra la giusta forma di governo e tale forma non può essere la monarchia:

> *"In nessun modo la monarchia può essere resa*
> *adatta a condurre alla massima felicità del*
> *maggior numero: non può quindi essere chiamata*
> *una buona forma di governo"*.

Al fianco dei concetti di piacere, felicità e buon governo, Bentham promuoveva altre componenti fondamentali del bene comune, tra le quali il rispetto reciproco, l'uguaglianza e la libertà.

Le sue idee furono ispiratrici per la nascita dell'Università di Londra, la prima università inglese dove si poteva accedere senza distinzioni di ceto e di razza. Bentham si occupò anche di diritti delle donne e mosse le coscienze verso un riconoscimento dei diritti degli animali.

Infine egli propose un piano di "depenalizzazioni" citando Cesare Beccaria nel celebre *"Dei Delitti e delle Pene"*:

> *"La pena non è mai giusta fino a quando rimanga*
> *ancora da tentare qualche mezzo tramite cui si*
> *possa ottenere il fine che essa si prefigge a prezzo*
> *minore"*.

Particolare rilevanza, per l'Inghilterra dell'epoca, assume la sua posizione a favore dell'abolizione del reato di omosessualità che Bentham inserisce nella categoria "*reati contro sé stessi*", ammesso che ci sia davvero posto, specifica il giurista inglese, per reati di questo tipo.

E infatti Bentham si espone a favore della depenalizzazione di tale reato adottando tre criteri di ragionamento per dimostrarne l'infondatezza.

Per Bentham prima di punire un'azione dobbiamo domandarci:

1) se essa provoca un danno primario ovvero se reca dolore a qualcuno;

2) se essa provoca timore o allarme sociale;

3) se essa provoca pericolo differente dal dolore.

Essendo la risposta negativa a tutti e tre i criteri sopra esposti, non vi è ragione per punire il rapporto consensuale e consenziente fra persone adulte dello stesso sesso.

È inutile, per usare un termine caro a Bentham, oltre che ingiusto alla comunità, che vengano punite persone nella loro sfera personale i cui comportamenti non recano danno ad alcuno.

In conclusione la "*fabbrica della felicità*" di Bentham pone al centro le persone le quali devono essere destinatarie di buone leggi e buoni governi il cui fine è produrre la massima felicità per il maggior numero, possibilmente per tutti.

Aggiungiamo noi che solo una politica di buonsenso e rispettosa del bene comune come fine della propria azione può prestarsi a tale nobile scopo ed è importante, come diceva Aristotele, che la politica sia esercitata da persone "*dabbene*".

XVII
ESSERE LIBERI

A perfezionare, modificare e provare ad evolvere la filosofia di Bentham, ci pensò successivamente il suo allievo John Stuart Mill (1806-1873), anch'egli considerato a pieno titolo esponente del cosiddetto utilitarismo.

Mill si prodigò molto a tentare di correggere alcune impostazioni del maestro Bentham riguardo alla teoria dell'utile, del piacere e della massima felicità, là dove si presentavano vulnerabili ad attacchi critici.

Ma è sul concetto di libertà che Mill riesce a darci ulteriori spunti di riflessione utili al nostro "puzzle" su cosa sia il buonsenso e come esercitarlo.

Mill parte dall'assunto di Bentham per cui un'azione è libera e non sanzionabile se non reca danno ad altri.

Quindi la limitazione della libertà può trovare giustificazione solo in tale caso specifico.

Mill discute di libertà partendo dalle opinioni di ognuno di noi, dalla possibilità di esprimerle liberamente oltre che dall'opportunità di ascoltarle.

Parlare e ascoltare, nonché considerare il confronto tra opinioni è un atto di buonsenso che conduce ad un arricchimento anche quando l'opinione è errata o minoritaria.

La libertà di opinione per Mill è intrisa del rispetto reciproco.

"(...) impedire l'espressione di un'opinione è un crimine particolare, perché significa derubare la razza umana, i posteri altrettanto che i vivi, coloro che dall'opinione dissentono ancor più di chi la condivide: se l'opinione è giusta, sono privati di passare dall'errore alla verità; se è sbagliata, perdono un beneficio quasi altrettanto grande, la percezione più chiara e viva della verità, fatta risaltare dal contrasto con l'errore".

Contrastare un'opinione con autorità è un comportamento che non dobbiamo permetterci per due motivi: il primo è che quell'opinione può essere vera e anche se fosse falsa sarebbe sbagliato soffocarla; il secondo è che il rifiuto ad ascoltare l'opinione altrui significa elevare le proprie opinioni a certezze assolute e con ciò non si tiene conto della fallibilità umana:

"Ogni soppressione della discussione è una presunzione di infallibilità".

Gli uomini mancano di buonsenso quando decidono di non cautelarsi dalla loro fallibilità. È atteggiamento diffuso, anche oggi, quello di darsi sempre ragione ed esercitare arroganza sfruttando, magari, una posizione sociale influente. Mill pone come esempio la posizione del sovrano, ma oggi sono innumerevoli le situazioni in cui una persona crede che la propria opinione sia corretta a priori senza ammettere possibilità di errore.

Mill spiega che è giusto avere ed esprimere le proprie opinioni e agire secondo le proprie convinzioni nonostante la fallibilità umana purché si ricerchi sempre il vero.

*"E' dovere dei governi, e degli individui, formarsi
opinioni che rispondano il più possibile al vero:
formarsele con cura, e non imporle mai ad altri se
non si è certi di avere ragione"*.

Mill va oltre questo assunto ponendo la differenza tra un'opinione che si presume vera in quanto non confutata e presumerne la verità al fine di imporla come giusta e non permetterne così la discussione e confutazione.
È la discussione che permette alle facoltà umane di trovare un conforto razionale nel considerare un'opinione giusta o sbagliata.
Gli uomini e i governi assumono spesso decisioni che col tempo si rivelano sbagliate e viceversa.
Grazie alle capacità della mente, l'uomo, in quanto essere intellettuale e morale, è in grado di assumere principalmente comportamenti corretti (altrimenti vivrebbe in una situazione disperata) e quindi in grado di correggere i propri errori e porvi rimedio attraverso la discussione e l'esperienza.
Abbiamo peraltro già visto con i filosofi antichi come l'analisi, il dialogo, la valutazione delle alternative all'evidenza e alla consuetudine, costituiscano colonne portanti del buonsenso.
Abituarsi a correggere e migliorare la propria opinione confrontandola con quella di altri è per Mill il fondamento della fiducia che riponiamo nell'opinione stessa in modo da tradurla in pratica con convinzione di correttezza.
L'azione, quindi, dipende da un'ampia confutazione e confronto della propria opinione con quella degli altri.

Tuttavia l'azione non gode della stessa libertà dell'opinione:

> *"Nessuno pretende che le azioni debbano essere libere quanto le opinioni"*.

La libertà individuale deve quindi avere un limite che è quello di non recare fastidi agli altri con le proprie azioni. Qui ritorna il concetto di libertà incontrato in precedenza con Bentham.

> *"(...) che le diverse personalità siano lasciate libere di esprimersi, purché gli altri non ne vengano danneggiati; e che la validità dei modi di vivere diversi sia verificata nella pratica quando lo si voglia"*.

La libera individualità è uno degli elementi fondamentali del bene comune. Quante volte ci formiamo opinioni o agiamo in un certo modo perché influenzati dal senso comune? Quante volte pieghiamo la nostra libertà per un calcolo di "opportunità sociale" credendo di raggiungere così una vita tranquilla, felice e serena? In realtà ciò è una convinzione che ci rende infelici:

> *"Quando la norma di condotta non è il carattere individuale ma le tradizioni o le consuetudini degli altri, viene a mancare uno dei principali elementi della felicità umana, e l'elemento sicuramente principale del progresso sociale e individuale"*.

Se è vero, come abbiamo ipotizzato, che l'uomo nasce con il buonsenso innato, ovvero con la capacità di pensare al fine del bene comune, con la capacità di azionare attività buone e giuste, di saper analizzare e giudicare correttamente ciò che si dice e accade intorno a lui grazie alla socialità, all'ascolto e al confronto, è solo con l'esercizio che egli impara a utilizzare correttamente tali strumenti.

Ed è solo con le scelte che egli compie che tali strumenti di buonsenso possono esprimersi. Fare una cosa perché la fanno gli altri non è esercitare tali capacità ma è semplicemente un'azione "scimmiesca" che non fa uso della ragione.

> *"I poteri mentali e morali, come quelli muscolari,*
> *si sviluppano solo con l'uso".*

E quale migliore garanzia di un pieno e corretto esercizio delle proprie facoltà mentali che la libertà?

Solo un pensiero libero può produrre un'azione libera non condizionata da altro e da altri, purché sia un'azione giusta ovvero che non produca danno ad altri.

Chi sceglie la vita, afferma Mill, esercita tutte le sue facoltà:

> *"Deve usare l'osservazione per vedere, il*
> *ragionamento e il giudizio per prevedere, l'attività*
> *per raccogliere gli elementi decisionali, il*
> *discernimento per decidere, e, una volta presa*
> *deliberatamente la decisione, la fermezza e il*
> *controllo di sé per attenervisi".*

E gli uomini, nell'esercizio delle facoltà umane, devono "fare squadra":

> *"Gli uomini hanno il dovere reciproco di aiutarsi a distinguere il bene dal male, e incoraggiarsi a scegliere il primo ed evitare il secondo".*

Ma nessuno e nessun gruppo può permettersi di dire a qualcuno cosa fare nella sua vita in nome di un bene supremo. Avete presente la tipica frase "Te lo dico per il tuo bene" con la quale a volte si travalica il semplice confronto su opinioni, per finire ad esercitare un'influenza possessiva verso l'altra persona?

Quindi, l'unica limitazione di libertà ammessa è, per Mill, quella che ci impedisce di commettere azioni che provochino danni agli altri.

Ed è questo un criterio fondamentale quando ci accingiamo a produrre decisioni di buonsenso: svuotare la nostra mente da condizionamenti, utilizzare la nostra libertà individuale e attivare un'azione che sia positiva per tutti, anche negli effetti, considerando come il nostro esercizio a utilizzare al meglio le nostre facoltà mentali debba essere di esempio anche al resto della società.

XVIII
TENDERE ALL'UGUAGLIANZA

Ci avviamo verso la conclusione del nostro breve viaggio alla scoperta del buonsenso, un viaggio di cui in realtà abbiamo volutamente percorso solo un primo tratto durante il quale abbiamo incontrato il conforto di pensieri e teorie riguardanti la natura umana e la sua predisposizione al bene. Rassicurati dalle riflessioni di straordinari filosofi su come tenere in esercizio le nostre facoltà mentali al fine di essere persone migliori, i prossimi percorsi da compiere dovranno necessariamente riguardare in modo più specifico altre sfere sociali nelle quali i comportamenti umani assumono rilevanza fondamentale come la psicologia, la politica e, soprattutto, la giustizia.

Quest'ultima è forse di tutte la più importante, in quanto abbiamo visto come buono non sia sempre equivalente al giusto o viceversa.

Per lo statunitense John Rawls (1921-2002), la giustizia è ciò che conta davvero, più della cosiddetta ricerca del bene comune.

Professore della storica Università di Harvard, John Rawls ha elaborato una teoria ampiamente presentata nel volume *"Una Teoria sulla Giustizia"*, divenuto un best seller di filosofia morale e politica.

Rawls è in antitesi con l'utilitarismo di Bentham e Mill di cui abbiamo parlato nei precedenti capitoli.

Egli non ritiene, infatti, che il compito principale della filosofia sia quello di ricercare il bene comune quanto quello di trovare la giusta definizione di giustizia e fare in modo che le istituzioni sappiano produrla correttamente.

Rawls non ritiene, quindi, che i governi si debbano occupare della *massimizzazione della felicità* come somma della felicità di ogni individuo ma piuttosto di una giustizia equa al fine di garantire libertà e diritti per tutti allo stesso modo.

Ricordate lo *spettatore imparziale* incontrato qualche pagina fa con Adam Smith? Ecco, Rawls ha elaborato un concetto che in parte potrebbe ricordarcelo, ma che, in realtà, non ha a che fare con una sorta di "voce della coscienza" che ci indica come comportarci correttamente, quanto, piuttosto, ha a che fare con la giustizia sociale.

Rawls parla di equità e si pone la domanda di come distribuire le risorse in modo giusto nella società e far sì che la stessa si senta trattata con giustizia senza disuguaglianze tra i suoi appartenenti.

Egli immagina un luogo dove tutti i membri della società siano chiamati a redigere un contratto sociale. Però sappiamo quanto sia difficile pattuire le condizioni a favore di un contratto equilibrato che rispetti le esigenze di tutte le parti.

Il problema principale è la posizione che assumiamo al punto di partenza. Se al tavolo delle trattative ci sedessimo ognuno con la propria posizione sociale acquisita, chiaramente porteremmo avanti i nostri specifici interessi. E non solo.

Per vari motivi tra cui la professione, il carattere, l'autorevolezza acquisita nel tempo agli occhi di altri contraenti, partiremmo da posizioni diseguali persino nella forza contrattuale.

L'iniquità degli accordi d'altronde è storia di tutti i giorni, nei rapporti tra privati, imprese e nei negoziati fra Stati.

Per Rawls è necessario partire da una posizione originaria di uguaglianza quando ci si deve accordare su qualcosa, ma è cosciente di quanto ciò sia difficile.

Anche per Rawls, come per Smith, è necessario uno sforzo mentale.

Tale sforzo viene da egli definito *"velo di ignoranza"*. Esso consiste nell'annullare quasi tutta la conoscenza particolare di un individuo in modo che egli possa scegliere ciò che è davvero giusto in modo equo per tutti.

> *"Tutti i valori sociali – libertà e opportunità, ricchezza e reddito, e le basi sociali del rispetto di sé – devono essere distribuiti in modo eguale, a meno che una distribuzione ineguale, di uno o di tutti questi valori, non vada a vantaggio di ciascuno".*

Per Rawls, al fine di distribuire le risorse in modo equo e giusto, occorre che la società si organizzi contrattando le condizioni di un ipotetico accordo partendo da una posizione di *"velo di ignoranza"*.

> *"(...) nessuno conosce il proprio posto nella società, la propria posizione di classe o il proprio status sociale; lo stesso vale per la fortuna nella distribuzione delle doti e delle capacità naturali, la*

forza, l'intelligenza e simili. Inoltre, nessuno conosce la propria concezione del bene, né i particolari dei propri piani razionali di vita e neppure le proprie caratteristiche psicologiche particolari come l'avversione al rischio o la tendenza al pessimismo o all'ottimismo".

Oltre a ciò, Rawls assume che le parti non conoscano le circostanze specifiche della società in cui vivono, ovvero la situazione politico-economica, il livello di cultura e civilizzazione che la società è in grado di raggiungere e non sanno nulla circa la generazione a cui appartengono.

L'unica conoscenza ammessa nella posizione originaria è quella riguardante le *"circostanze di giustizia"*. Le persone sono quindi in grado di capire la psicologia morale, le basi organizzative di una società, i problemi politici e i princìpi economici.

"Nessuno conosce la propria posizione nella società né le proprie doti naturali, e quindi nessuno si trova nella condizione di adattare i princìpi a proprio vantaggio".

In questo modo ognuno sceglierà ciò che è equo perché nessuno vorrà correre il rischio di trovarsi in una condizione di ingiustizia o negativa per il proprio benessere.

Nel nostro ordinamento i concetti di equità, equilibrio, correttezza, lealtà e buona fede fanno parte del Codice civile per ciò che attiene in particolare la materia dei contratti e, in qualche modo, sottendono alla necessità che le parti perseguano un fine comune oltre che particolare.

Per quanto la dottrina di Rawls non sia esente da critiche e perplessità, in particolare per l'impostazione centrata sull'aspetto contrattualistico (il giurista Michael Sandel, ad esempio, nel suo trattato *"Giustizia"* pone il problema della non eticità dei contratti), è innegabile che essa fornisca uno stimolo per governi e singoli individui a favorire l'uguaglianza nei rapporti sociali e nella distribuzione delle risorse.

Anche Rawls parla di libertà e pone le libertà fondamentali alla base della sua teoria di giustizia equa:

> *"Ogni persona ha un eguale diritto al più esteso schema di libertà fondamentali compatibilmente con un simile schema di libertà per gli altri"* (Primo principio di Rawls).

> *"Le ineguaglianze sociali ed economiche devono essere combinate in modo da essere: a) ragionevolmente previste a vantaggio di qualcuno; b) collegate a cariche e posizioni aperte a tutti"* (Secondo principio di Rawls).

John Rawls pone i suoi princìpi alla base della società come criteri per l'attribuzione di diritti e doveri e per la distribuzione dei vantaggi sociali ed economici.

Tra le libertà fondamentali, Rawls sottolinea la libertà politica, la libertà di parola e di riunione, la libertà di coscienza e di pensiero, la libertà della persona.

Da quest'ultima deriva anche la libertà dall'oppressione psicologica e quella dall'aggressione fisica ovvero della tutela e integrità della persona.

Rawls difende, inoltre, la libertà alla proprietà personale e la libertà dall'arresto arbitrario e dalla confisca.

Uno Stato di diritto deve prevedere in modo egualitario tali libertà fondamentali e il principio sopra enunciato le protegge. Eventuali violazioni delle libertà fondamentali non possono essere giustificate e compensate da maggiori vantaggi economici e sociali.

Limiti alle libertà fondamentali sono consentiti solo quando esse entrano in conflitto tra loro.

La teoria di Rawls si sviluppa in numerosi argomenti che riguardano la crescita e l'affermazione dell'individuo nella società giusta ed equa e non può essere certamente riassunta in questa sede. Ne possiamo comunque trarre un insegnamento di metodo su come porci nel momento in cui esercitiamo i nostri diritti e sviluppiamo la nostra azione all'interno di una comunità, ovvero "partire e stare alla pari" con gli altri per noi e per gli altri stessi. È il rispetto dell'uguaglianza di tutti gli uomini.

XIX
CAMBIARE MODELLI

Come ogni narrazione che si rispetti la conclusione riporta al punto di partenza. Grazie al soccorso della filosofia abbiamo individuato i primi importanti elementi per assumere un atteggiamento di buonsenso, ovvero il dubbio e la sospensione del giudizio. Abbiamo visto come sia importante ascoltare prima di valutare e come quest'operazione non sia affatto facile per tanti motivi, primi fra tutti le nostre paure e la difficoltà a pensare e produrre cambiamenti.

Ma cos'è il cambiamento?

Anche questo è un termine molto abusato nella nostra società, soprattutto in politica.

Cambiare non significa per forza passare repentinamente da un'idea all'altra o da un'azione al suo contrario.

Cambiare può voler semplicemente significare il porre in atto una ristrutturazione.

Sono spesso i nostri modelli mentali acquisiti e abituali che ci inducono in errore, con l'aggravante di sentirci spesso nel giusto (indisposizione a capire che stiamo sbagliando).

L'abitudine, la consuetudine e le convinzioni sono spesso nemiche del buonsenso. Ristrutturare significa rivalutare e utilizzare in modo diverso le informazioni che abbiamo a disposizione di una determinata questione che non riusciamo a risolvere efficacemente.

Di questi temi si è occupata e si occupa da tempo la psicologia. Tra i principali professionisti che hanno elaborato dei metodi per indurre la mente umana a non farsi assuefare dagli schemi dell'abitudine e della consuetudine vi è il maltese Edward De Bono (1933), autore di numerosi "best seller" dedicati al cosiddetto *pensiero laterale* e alla *creatività*.

Sostanzialmente De Bono ci spiega come la mente umana sia pigra e adattiva. Essa osserva le cose e immagazzina le informazioni in modo da portarci ad agire con rapidità e facilità nei campi in cui abbiamo avuto esperienza. Una volta imparata una cosa, la nostra mente agisce come una segretaria che, ricevendo comandi dal nostro cervello, apre un cassetto e ci consegna la soluzione da eseguire.

I meccanismi abituali della mente si tramutano quindi in schemi da cui non è facile allontanarsi all'occorrenza.

È questo uno dei motivi per cui tanta gente teme il cambiamento di uno "*status quo*" che, seppur riconosciuto come non particolarmente efficace, garantisce soluzioni accettabili per il proprio benessere (la tipica preferenza del "meno peggio" dove il peggio fa rima con incerto).

Generare alternative ai modelli prestabiliti costituisce quindi un rischio che in molti si rifiutano di percorrere, difendendosi con arroganza dietro le certezze del cosiddetto *pensiero verticale*.

Il pensiero verticale è un modo di pensare tipico, logico, probabile, consequenziale, consolidato e basato sull'abitudine e sull'arroganza circa la sua efficacia e verità in quanto basato su cliché e apparenti evidenze. È il tipico modello mentale su cui viene programmata l'educazione familiare, sociale e scolastica, nella maggior parte dei casi. È bloccante e giudica facilmente come negativo ciò che appare diverso.

Il pensiero laterale è invece un modello di pensiero basato sulla creatività, sulla libertà, sull'intuizione e, perché no, anche sul gioco e sull'umorismo. Esso sforza la mente a generare alternative, a creare nuove idee, a ristrutturare modelli in modo diverso e più efficace, anche se può apparire improbabile e talvolta provocatorio. È un modello in movimento in quanto non si ferma mai, nemmeno di fronte ad una soluzione efficace e soddisfacente e non aderisce ad un processo schematico.

Il buonsenso è un alleato del pensiero laterale proprio perché non è scontato. La nostra società è spesso vittima dei cliché, del senso comune, delle procedure. Aderiamo a dei modelli per quieto vivere e praticità. Ci accontentiamo se riteniamo una cosa funzionante e non ci sforziamo di immaginare se esiste un modo per farla funzionare ancora meglio e diversamente. Temiamo il giudizio degli altri e le perdite di posizione. Ci schieriamo spesso dalla parte di ciò che ci consente di ottenere un facile consenso pur avvertendo dentro di noi un campanello di insoddisfazione dovuto all'autolimitazione della nostra libertà. Per questo manchiamo di coraggio nelle scelte e nel proporre soluzioni alternative ai problemi che siamo chiamati ad affrontare. Temiamo di essere derisi e limitiamo la portata della nostra intelligenza e ragione.

Dobbiamo sforzarci di porci delle domande quali: "Esiste un modo diverso di affrontare questa situazione?", "Quali soluzioni alternative posso trovare a questo problema?", "È veramente così evidente ciò che mi appare?", "Sto giudicando correttamente questa situazione?", "Ho sufficienti elementi per giudicare correttamente ciò che è accaduto?", e così via.

Le domande appena esposte non sono nient'altro che il dubbio pirroniano, la maieutica socratica, la medietà aristotelica, le quali tornano prepotentemente sulla scena e ci mettono in guardia dalla ripetizione degli schemi e ci invitano a valorizzare l'uso della nostra ragione dotata di grandi qualità innate.

Pensare fuori dagli schemi è la regola del pensiero creativo, il modello mentale che aiuta il modello logico a non addormentarsi e a favorire il progresso e l'innovazione in tutti i campi.

Settori professionali come la macchina giudiziaria e l'amministrazione pubblica sono esempi di come l'automaticità di schemi e modelli procedurali abituali producano risultati inefficienti e spesso percepiti come ingiusti.

La vera innovazione del nostro tempo non può che essere determinata dalla riscoperta delle nostre tendenze naturali, prima fra tutte la propensione al buono e giusto. Esercitiamoci quindi a pensare e ad agire con buonsenso, il vero motivatore per una rivoluzione improntata alla giustizia giusta e al bene comune.

BIBLIOGRAFIA

Max Alsberg, *Il processo a Socrate*, Book Time 2015.

Elisabeth Anscombe, *Intenzione*, Edusc 2004.

Aristotele, *Etica Nicomachea*, Laterza 2005.

Aristotele, *Etica Eudemia*, Rizzoli 2012.

Aristotele, *La grande etica*, Mimesis 2014.

Sarah Bakewell, *Montaigne. L'arte di vivere*, Campo dei Fiori 2011.

Jeremy Bentham, *Libertà di gusto e di opinione*, a cura di Gianfranco Pellegrino, Dedalo 2007.

Jeremy Bentham, *Introduction to the principles of morals and legislation*, Utet 1998.

Jeremy Bentham, *Introduzione ai principi della morale e della legislazione*, Introduzione di Salvatore Primiceri, Traduzione di Otello Marcacci, Primiceri Editore 2020.

Paul Bloom, *Buoni si nasce*, Codice Edizioni 2014.

Norberto Bobbio, *Elogio della Mitezza*, Introduzione di Pietro Polito, Edizioni dell'Asino 2018.

Cartesio, *Discorso sul metodo*, Feltrinelli 2014.

Cicerone, *Dei Doveri*, Mondadori 1994.

Cicerone, *Tuscolane*, Rizzoli 1996.

Cicerone, *L'arte di comunicare*, Mondadori 2007.

Antoine Compagnon, *Un'estate con Montaigne*, Adelphi 2014.

Tommaso d'Aquino, *La Somma Teologica vol.2*, Edizioni Studio Domenicano 1996.

Antonio Da Re, *Le parole dell'etica*, Bruno Mondadori 2010.

Edward De Bono, *Il pensiero laterale*, Rizzoli 2000.

Alain De Botton, *Le consolazioni della filosofia*, Guanda 2000.

Massimo De Caro, Massimo Marraffa, *Mente e Morale. Una piccola introduzione*, Luiss University Press 2016.

Epicuro, *Sulla Felicità*, Introduzione di Salvatore Primiceri, Primiceri Editore 2020.

De Luise – Farinetti, *I filosofi parlano di felicità, I. Le radici del discorso*, Einaudi 2014.

De Luise – Farinetti, *I filosofi parlano di felicità, II. Tra i moderni*, Einaudi 2014.

Corrado Del Bò, *La neutralità necessaria*, ETS 2013.

Piergiorgio Donatelli, *Etica*, Einaudi 2015.

David Edmonds, *Uccideresti l'uomo grasso?*, Raffaello Cortina Editore 2014.

Luca Fonnesu, *Storia dell'etica contemporanea*, Carocci 2015.

Philippa Foot, *La natura del bene*, Il Mulino 2007.

Philippa Foot, *Moral dilemmas*, Clarendon Oxford 2002.

Immanuel Kant, *Il male radicale*, Garzanti 2015.

Immanuel Kant, *Critica della ragion pratica*, Laterza 1997.

Sergio Landucci, *La critica della ragion pratica di Kant*, Carocci 2013.

Giacomo Samek Ludovici, *La felicità del bene, una rilettura di Tommaso d'Aquino*, Vita e Pensiero 2002.

Sergio Filippo Magni, *Il relativismo etico*, Il Mulino 2010.

Marco Aurelio, *Ricordi*, Rizzoli 1997.

Armando Massarenti, *Istruzioni per rendersi felici*, Guanda 2014.

John Stuart Mill, *Saggio sulla libertà*, Il Saggiatore 2014.

John Stuart Mill, *La libertà*, Primiceri Editore 2020.

Michel de Montaigne, *L'arte del conversare*, traduzione di Giulio Martone, Elliot 2015.

Gianfranco Pellegrino, *La fabbrica della felicità. Liberalismo, etica e psicologia in Jeremy Bentham*, Liguori Editore 2010.

Platone, *Amanti. Sulla filosofia*, a cura di Giovanni Reale, Bompiani 2015.

Platone, *Apologia di Socrate, Critone*, Rizzoli 2013.

Platone, *Carmide*, a cura di Giovanni Reale, Bompiani 2015.

Platone, *Gorgia*, Rizzoli 1994.

Platone, *La Repubblica*, Laterza 2007.

Platone, *La Settima Lettera*, Introduzione di Salvatore Primiceri, Traduzione di Francesca Cupido, Primiceri Editore 2020.

Plutarco, *La vita felice*, a cura di Carlo Carena, Einaudi 2014.

Plutarco, *Per un parlare efficace*, Mondadori 2008.

Adam Smith, *Teoria dei sentimenti morali*, Rizzoli 1995.

Roberto Radice, *Aristotele*, collana Filosofica, Corriere della Sera 2017.

John Rawls, *Una teoria sulla giustizia*, Feltrinelli 1982.

Mario Ricciardi, Andrea Rossetti, Vito Velluzzi (a cura di), *Filosofia del Diritto*, Carocci 2015.

Michael Sandel, *Giustizia*, Feltrinelli, 2010.

Seneca, *Tutte le opere*, Bompiani 2000 e varie edizioni.

Seneca, *L'Ira*, Traduzione di Fulvio Vallana, Primiceri Editore 2020.

Seneca, *De Ira*, a cura di Costantino Ricci, Rizzoli 1998.

Senofonte, *Tutti gli scritti socratici*, Bompiani 2014.

Nigel Warburton, *Breve storia della filosofia*, Salani 2013.

Nigel Warburton, *Primo libro di filosofia*, Eianudi 2007.

Parte Seconda

LA GIUSTIZIA DEL BUONSENSO

I
DOVE ERAVAMO RIMASTI

Il presente saggio segue di pochi anni il volume *"Etica del Buonsenso"* con il quale ho ricevuto, grazie all'interesse e all'affetto di tantissimi lettori, numerose soddisfazioni personali e professionali, oltre ad alcuni riconoscimenti ufficiali che mi hanno ulteriormente motivato a proseguire il percorso intrapreso. Per tutto questo devo dirvi grazie.

Il volume sull'etica costituisce una base imprescindibile per chi voglia avventurarsi in questa nuova lettura, anche perché ho preferito non ribadire i concetti già espressi se non attraverso occasionali richiami. Al nuovo lettore, che ringrazio per essersi avvicinato a questo libro, consiglio, quindi, di leggere prima l'etica del buonsenso al fine di comprendere meglio su che piano si muovono i concetti che esaminerò nelle prossime pagine.

Nel presente saggio ho deciso di affrontare il tema della giustizia, concetto che, a mio avviso, deriva direttamente dall'etica. Tutti noi abbiamo, infatti, un concetto di giustizia accompagnato da un senso di giustizia e, forse ancor più marcato, da un senso di ingiustizia che si esplicita quando non riteniamo soddisfatta una nostra aspettativa che riteniamo giusta, oltre che legittima. Chiaramente, il senso di giustizia cambia in ognuno di noi per via del singolo percorso di vita in cui ci troviamo protagonisti. Eppure, chi ha letto il precedente volume, sa che il "buonsenso" di cui parlo è inteso come una capacità innata di agire secondo giustizia, di distinguere ciò che giusto da ciò che è sbagliato e ciò che è buono da ciò che è cattivo. Agire con buonsenso ci dovrebbe permettere, in numerosi casi, di scegliere l'azione giusta da compiere, ovvero quell'azione i cui effetti sono giusti per tutti senza dubbio alcuno, considerati i motivi e le circostanze. C'è, quindi, un senso morale di base che ci accompagna dalla nascita, un codice etico che ci fornisce strumenti per decidere e agire bene. Ovviamente siamo tutti consapevoli di quanto questo sia complicato e di quanta malvagità sia capace l'uomo attraverso pensieri e azioni. Vedremo come sia purtroppo facile essere cattivi e ingiusti e di quanto esercizio comporti, invece, il saper operare con bontà e giustizia, recuperando l'uso dell'innato buonsenso.

È un esercizio che vale la pena compiere continuamente in quanto, l'agire bene e correttamente restituisce felicità e senso di giustizia non solo a chi lo riceve ma, anche a chi lo esercita.

Il buonsenso e la ragione ci permettono di individuare la scelta migliore da compiere anche nelle situazioni apparentemente più complesse, nei conflitti più difficili nella vita e nel lavoro.

Ognuno di noi è chiamato a metterlo in pratica, anche quando esso sembra smarrito, nascosto dietro a interessi personali, abitudini, convincimenti morali, pregiudizi.

Il libro si rivolge a ognuno di noi perché la giustizia è un fatto che ci riguarda tutti.

In particolare, spero che le riflessioni contenute in questo breve saggio possano risultare utili soprattutto a chi esercita professioni, come quelle del settore legale, dove la valutazione dei fatti e la decisione sono all'ordine del giorno. In questo campo non basta decidere; occorre saper decidere producendo azioni, atti, sentenze realmente giuste. E sappiamo che, talvolta, per restituire giustizia vera, non basta la corretta applicazione delle norme giuridiche. È qui che interviene il buonsenso come principio correttivo e derogante che aiuta a colmare il vuoto etico che, a volte, impedisce di trovare le soluzioni buone e giuste.

Nella prima parte del testo indagherò sull'origine del concetto di giustizia in relazione al senso di giustizia e di ingiustizia caratterizzanti la natura umana, per poi soffermarmi sul rapporto tra diritto e morale. Dopodichè sposterò il ragionamento dal piano etico al piano giuridico parlando di giustizia in relazione alle leggi e ai loro effetti, soprattutto sul piano sociale. Infine, porrò l'attenzione al piano giudiziario e al ruolo delle professioni forensi nel produrre giustizia.

Buona lettura.

II

L'ANELLO DELL'INGIUSTIZIA

L'uomo possiede davvero un prevalente senso della giustizia sin dalla nascita? È quindi spinto naturalmente a prediligere la giustizia all'ingiustizia? Oppure è di indole inversa, predilige cioè il comportamento ingiusto? E, se così fosse, perché ha stabilito delle regole da rispettare se poi l'adesione ad esse comporta sacrificio? Ma, soprattutto, cos'è allora la giustizia? Sono tutte domande a cui l'uomo ha tentato più volte di rispondere nei secoli e che Socrate, nel celebre dialogo della "*Repubblica*" di Platone, affronta cercando di fornire risposte che possano convincere i suoi allievi, con cui si trova a discutere, che la giustizia è preferibile all'ingiustizia e che l'uomo la debba praticare sempre e senza indugio. Dimostrare ciò non è affatto facile, nemmeno per il celebre maestro di saggezza.

Trasimaco, allievo di Socrate, afferma nel dialogo della Repubblica, che la giustizia è "*l'utile del più forte*". Per il giovane, il concetto di giusto è strettamente correlato al concetto di utilità ma, ancor più estremo nel suo ragionamento, il concetto di utilità è correlato al desiderio di sopraffazione dell'uomo sugli altri uomini. Insomma, per Trasimaco è giusto ciò che è utile al più forte, colui che impone le regole.

L'idea sulla giustizia di Trasimaco nasce dall'osservazione della realtà del suo tempo in cui, dice il giovane a Socrate, un confronto tra giusti e ingiusti vede prevalere i secondi che vivono la loro vita felice mentre i giusti no. Per questo l'assoluta ingiustizia è da preferire all'assoluta giustizia. Trasimaco concorda con Socrate nel ritenere che la giustizia è una virtù dell'anima e che l'ingiustizia è un vizio ma l'esperienza pratica lo porta comunque a prediligere il vizio alla virtù. Alla domanda di Socrate su cosa voglia ciò significare, Trasimaco risponde che la giustizia è una nobile semplicità di carattere mentre l'ingiustizia è avvedutezza.

Il ragionamento è destinato a non reggere a lungo in quanto non può essere giusto universalmente ciò che è giusto per un solo uomo, soprattutto se lo spirito guida del suo agire non è quello di creare condizioni giuste per i suoi sudditi ma di trarre vantaggio al fine di soddisfare il proprio esclusivo bisogno, sia esso giusto o sbagliato. Socrate porta il discorso proprio sulle professioni spiegando come esse vengano svolte innanzitutto per il bene dei propri clienti e non per mere ragioni di guadagno personale. Così anche i governanti devono occuparsi del bene e del giusto per i propri sudditi e non del proprio utile.

> *"Trasimaco, gli ingiusti ti sembrano intelligenti e buoni? – Sì, rispose, almeno quelli che riescono a realizzare l'ingiustizia assoluta e che possono sottomettere a sé stati e nazioni".*
> *"Sono stupito che tu consideri virtù e sapienza l'ingiustizia e tutto l'opposto la giustizia".*

Socrate, a questo punto, domanda a Trasimaco se il giusto potrebbe mai soverchiare un altro giusto o se, piuttosto, non desideri soverchiare un ingiusto.
Il giovane concorda che un giusto, proprio per quella che egli chiama semplicità di carattere, non tenterebbe mai di soverchiare un giusto o un'azione giusta. Con l'abile maieutica di cui è maestro, Socrate riuscirà a far affermare a Trasimaco che l'ingiusto, al contrario del giusto, tende a voler sopraffare sia i giusti che gli stessi ingiusti in quanto ingordo di volere tutto per sé.

> *"Il giusto non soverchia il suo simile ma il suo dissimile, mentre l'ingiusto soverchia sia il suo simile che il suo dissimile".*

Trasimaco, di fronte a tali obiezioni di Socrate, si arrende ben presto. Giunge a riconoscere, seppur riluttante, che il giusto è buono e sapiente mentre l'ingiusto cattivo e incolto.

> *"L'ingiustizia provoca rivolte, odi e lotte reciproche. La giustizia, concordia e amicizia".*

Ma Socrate si spinge oltre e chiede a Trasimaco se governare, decidere, deliberare e tutte le attività simili a queste non siano funzioni dell'anima. Se la giustizia è una virtù propria dell'anima, come potrebbe mai l'anima esercitare al meglio le sue funzioni senza di essa?
È evidente allora che l'anima giusta e l'uomo giusto vivranno bene mentre quello ingiusto male.

"Il giusto è felice, l'ingiusto è infelice".

Ma il sollievo provato da Socrate nell'aver convinto Trasimaco
che la giustizia è da preferirsi sempre all'ingiustizia dura poco.
A questo punto, dopo aver ascoltato il dialogo, è Glaucone,
fratello maggiore di Platone e discepolo di Socrate, a prendere
la parola, il quale con abile ed energica oratoria, aggiunge un
importante tassello al ragionamento di Trasimaco,
rilanciandolo con forza. Glaucone sfida Socrate ad essere più
convincente nel dimostrare con chiarezza che la giustizia è
meglio dell'ingiustizia.

> *"Vorrei udire da te l'elogio della giustizia per sé
> stessa e ho piena fiducia di poterlo ascoltare. Mi
> sforzerò quindi di cantare le lodi della vita
> ingiusta..."*

Secondo Glaucone, la condotta naturale dell'uomo è di
commettere ingiustizia in quanto l'uomo è aggressivo per
natura. Per il giovane, quindi, non è solo un discorso di utilità
ma soprattutto di indole naturale. L'uomo è, quindi,
naturalmente cattivo. L'esigenza di darsi delle regole da
rispettare nasce dal conflitto che si crea tra gli uomini ingiusti,
i quali finiscono per combattere tra di loro per ottenere beni
utili a sé stessi. Le leggi sono il compromesso per evitare una
perpetua battaglia ma l'osservanza delle regole diviene
comunque un sacrificio.
Chi pratica la giustizia lo fa comunque malvolentieri o perché
non è capace di commettere ingiustizia. Ma non basta.
Glaucone afferma che la giustizia è un comportamento

convenevole e di facciata. Conviene all'uomo mostrarsi giusto e rispettoso delle leggi al fine di poter meglio nascondere le proprie azioni ingiuste e sperare di non essere scoperto. Osserviamo, quindi, come già ai tempi di Socrate la società conosce e affronta i concetti di buona reputazione e, diremmo oggi, di "buonismo", ovvero l'apparire giusti verso l'esterno in quanto conveniente al proprio interesse personale. Non a caso, nel volume *"Etica del Buonsenso"* avevo definito il buonismo come forma e il buonsenso come sostanza, intendendo come il buon agire, guidato da un innato senso del buono e del giusto, non debba essere finalizzato al proprio interesse personale ma al bene comune. Sulla natura buona dell'uomo, invece, Glaucone provoca Socrate affermando che se l'uomo fosse messo in condizione libera di scegliere come comportarsi e senza il rischio di essere scoperto, opterebbe certamente per l'ingiustizia arrivando a commettere perfino atti terribili, come dimostra la leggenda dell'Anello di Gige.

Gige, antenato del Lidio (forse Creso, ultimo re di Lidia), era un pastore al servizio del re di Lidia, Candaule. In seguito ad un nubifragio e un terremoto si aprì una voragine nel luogo dove Gige stava pascolando il suo gregge; spinto dalla curiosità, il pastore entrò, e, oltre a tante meraviglie notò che vi era un cavallo di bronzo nel quale si trovava il cadavere di un uomo di proporzioni sovrumane con indosso solo un bellissimo anello d'oro al dito. Gige decise di impadronirsi dell'anello e uscì dalla caverna. Nell'indossarlo, durante una riunione dei pastori per redigere il rapporto mensile sulle greggi da comunicare al re, scoprì che girando il castone dalla parte interna della mano verso sé stesso, egli diventava invisibile a chiunque, effetto che scompariva quando di nuovo rimetteva a posto il castone. Gige, allora, andò al palazzo del re, per fare rapporto sulle greggi e, qui giunto, usando il potere dell'anello, sedusse la moglie di Candaule, la regina, e con il suo aiuto uccise il re, conquistando così il potere.

È veramente così? L'uomo sarebbe capace di combinarne di tutte i colori se avesse la certezza di non essere scoperto e punito per le proprie azioni?

Il racconto di Glaucone ci spinge a riflettere sul concetto di responsabilità personale. L'uomo invisibile, nascosto e protetto da maschere (pensiamo, ad esempio, ai nickname su internet, all'anonimato o a forme di immunità legate ad alcune professioni) tende, talvolta, a perdere il senso profondo della responsabilità di comportarsi giustamente per sé stesso e per gli altri. L'uomo responsabile, invece, deve stare al centro della società ed essere protagonista della costruzione di un modello di stato giusto dove tutte le virtù (sapienza, coraggio, temperanza, giustizia) convivono in armonia. Tra queste la più importante è la giustizia. Da qui Platone, attraverso le parole di Socrate, inizia la sua lunga e appassionata esplicazione del modello di città ideale che deve essere giusta per tutti nel suo insieme.

"Supponiamo che mentre siamo intenti a dipingere una statua si presenti uno a criticarci per aver colorato gli occhi di nero e non in vermiglio. Noi dovremmo rispondergli: «Ammirevole amico, non credere che noi dobbiamo dipingere gli occhi tanto belli che non sembrino neppure più occhi; e così per le altre parti. Devi osservare, piuttosto, se colorando ciascuna parte con la tinta più appropriata, rendiamo bello l'insieme»."

È importante, per Socrate, che ognuno svolga felicemente i propri compiti per cui è portato, utilizzando le virtù sopra citate. Solo facendo ognuno la propria parte contribuirà a rendere felice l'intera società. Lo stato ideale deve quindi occuparsi di rendere felice ogni suo cittadino per raggiungere la massima felicità possibile.

La tentazione dell'ingiustizia rimane quindi un elemento del tutto successivo alla nascita dell'uomo e legato, soprattutto, alle esperienze di vita e di educazione ricevuta. L'uomo è in grado, grazie alla sua natura buona e giusta, di recuperare in qualsiasi momento, con forza ed esercizio, la capacità di ragionare e agire secondo giustizia. L'uomo deve, quindi, essere in grado di pensare e agire sempre con bontà e giustizia, anche quando è convinto che non vi sarà alcuna conseguenza negativa per sé stesso a causa delle sue parole o azioni. È l'agire in modo giusto che restituisce all'uomo la serenità e la felicità per la propria vita, ricompense ben più soddisfacenti dei beni materiali.

III
EH, SI', MA NON È GIUSTO

Abbiamo visto come, ad un certo punto, nella storia di Gige e dell'anello che rende invisibili, venga a mancare la relazione tra giustizia, diritto e morale. Il protagonista del racconto, infatti, finisce per commettere ingiustizia nel momento in cui è certo che non ci saranno conseguenze negative e sanzioni per il suo operato. Ma c'è di più: Gige non viola solo la norma giuridica che vieta di commettere omicidio, ma anche il contenuto morale di essa ("non uccidere", corrispondente, in questo caso, al precetto giuridico). Provo a spiegarmi meglio. Nel momento in cui viene a cadere l'obbligo giuridico (Gige, divenuto invisibile non si sente più tenuto a aderire ad alcuna legge in quanto non imputabile di reati) può permanere una sorta di obbligo morale a non commettere quel tipo di azione o esso è destinato a seguire il triste destino della norma giuridica? Insomma, Gige avrebbe potuto scegliere di non commettere azioni ingiuste a prescindere dall'esistenza o meno di una norma che vietasse espressamente l'omicidio? La mia risposta è ovviamente sì. Gige, però, decide di non seguire né il diritto né la giustizia. Che relazione esiste, se esiste, tra diritto e morale? La mia convinzione è che si tratti di una connessione reale e spesso inscindibile, anche se, almeno tecnicamente, non sempre necessaria. Quando parliamo di morale nel diritto o di relazione fra diritto e morale, è necessario prestare molta attenzione.

Innanzitutto, occorre rifarci alle parole di Aristotele quando afferma che non tutte le leggi sono buone e giuste in quanto non è detto che chi le ha prodotte sia buono e giusto. Quindi, possono esistere leggi sbagliate. Una legge si definisce sbagliata quando non ha come fine il bene comune o, quando destinata a una particolare classe di soggetti, non si inserisce in un quadro di giustizia che punta al benessere collettivo, creando disuguaglianze e discriminazioni. Sostanzialmente, è sbagliato un impianto normativo che sia contrario al codice etico naturale dell'uomo, ovvero quell'insieme di regole superiori comunemente accettate, resistenti e immutabili nel corso del tempo. Questo ci permette di operare una distinzione tra il concetto di etica e morale, anche se, come vedremo più avanti, in molti ritengono di poter usare i due termini come sinonimi.

Il termine "*etica*" deriva dal greco "*èthos*" ovvero "*carattere*", "*comportamento*" ma anche "*consuetudine*". Il termine "*morale*", invece, è latino e deriva da "*mos*", "*moris*", che significa "*costume*". Per questo ritengo opportuno distinguere ciò che è proprio di un carattere (gli elementi caratterizzanti della natura umana) da ciò che è costume (le abitudini e i comportamenti che mutano nel corso della vita e dell'esperienza umana all'interno di un contesto sociale e storico).

Per etica intendiamo l'insieme dei valori innati nell'uomo e comunemente accettati, attraverso la cui applicazione l'uomo, guidato dalla ragione, ispira la propria condotta alla ricerca della felicità, non solo per sé stesso ma in un'ottica collettiva con tutti gli altri uomini. Diciamo che l'etica produce il senso di giustizia assoluto.

Per morale intendiamo le regole di condotta determinate in un dato luogo e periodo all'interno di una comunità, elevate a rango di giustizia a prescindere dalla loro effettiva integrazione nelle norme giuridiche vigenti in quel dato luogo e periodo storico. Diciamo che la morale produce un senso di giustizia relativo, che si crede cioè adatto e giusto ma è mutevole nel tempo in base all'evoluzione e al cambiamento sociale della popolazione.

Pensiamo a quante volte, di fronte alla pronuncia di sentenze, esclamiamo frasi del tipo "eh, sì ma non è giusto", "non c'è più giustizia", "la giustizia va al contrario".

Cosa significa tutto questo? Tale senso di insoddisfazione nasce, con ogni probabilità, dalla non rispondenza del proprio convincimento morale con le regole del diritto, in particolare con l'interpretazione e applicazione pratica che il giudice ha effettuato delle norme vigenti al caso concreto.

Per confortare in parte il mio ragionamento trovo rifugio nella dottrina di Herbert Lionel Adolphus Hart (Harrowgate, 18 luglio 1907 – Oxford, 19 dicembre 1992), in particolare nel suo celebre trattato *"Il concetto di diritto"*. Il giurista britannico si inserisce nell'eterno dibattito tra giusnaturalisti e positivisti ammorbidendo la dottrina pura di stampo giuspositivista che vede la separazione netta tra diritto e morale, per intraprendere una via intermedia in cui emergono delle connessioni fra i due rami. Egli ammette che la giustizia è un aspetto, seppur a sé, della morale ma occorre indagare che cosa si intende per morale e quando possono essere accettate connessioni fra diritto e morale.

Pur riferendosi ai sistemi giuridici di common law del suo tempo, alcuni aspetti della dottrina di Hart possono essere traslati e attualizzati al nostro sistema giuridico.

Innanzitutto, Hart supera la dottrina "imperativista" di Austin e Kelsen per i quali il diritto è un sistema di norme (comandi) la cui violazione pretende l'applicazione di una sanzione. Non tutte le norme prevedono comportamenti da tenere e, pertanto, non tutte le norme sono tecnicamente portatrici di sanzioni.

Hart afferma che la struttura del diritto è aperta e lascia spazio per un'attività creativa che alcuni chiamano legislativa. Nell'attività interpretativa delle norme da applicare al caso che si sta decidendo, i giudici sono guidati *"dal presupposto che lo scopo delle norme che stanno interpretando, è ragionevole, di modo che le norme non siano volte ad attuare ingiustizie o a offendere principi morali consolidati"*.

La decisione giudiziale, soprattutto, afferma Hart, quando è di rilevanza costituzionale, implica spesso una scelta tra valori morali. Sarebbe comunque follia, per il giurista britannico, ritenere che la morale abbia sempre una risposta pronta da offrire in soccorso di eventuali dubbi giuridici.

Una decisione, quindi, deve essere presa esaminando tutte le alternative con imparzialità e neutralità; alternative che Hart definisce virtù giudiziali.

Occorre poi, considerare gli interessi di tutte le persone che vengono toccate dalla sentenza e avere la preoccupazione di utilizzare almeno un principio generale che possa sostenere alla base la ragionevolezza della decisione. In ogni caso, attraverso tale metodo, non abbiamo la certezza che la sentenza prodotta sia l'unica possibile, ma è comunque *"il prodotto ragionato di una scelta consapevole e imparziale"*.

Il "soppesare" ed "equilibrare" sono, alla fine, elementi morali che il giudice adotta nello sforzo di rendere la migliore giustizia possibile fra interessi in conflitto, se non altro perché aiutano a rendere accettabili le sentenze. Tuttavia, rileva Hart, nella realtà spesso non vediamo utilizzati e applicati tali principi. Il fatto che un giudice si sforzi di considerare il senso di giustizia etico come faro per guidare le proprie decisioni non è prova di una connessione necessaria fra diritto e morale. Tuttavia, è innegabile che in ogni legislazione esistano punti di contatto tra norme e morale le quali si evidenziano, in modo esplicito o silenzioso, anche nei processi giudiziari.

> *"Le leggi possono essere un mero guscio giuridico e chiedere di essere espressamente riempite con l'aiuto dei principi morali"*.

Non sempre gli ordinamenti giuridici si rapportano in modo corretto alla morale. Non tutti gli stati dimostrano di produrre regole progredite in termini morali, fermandosi piuttosto all'assorbimento del senso comune, della morale relativa dell'opinione pubblica, magari influenzata da altri sentimenti (paura, ignoranza, diffidenza) che mal si conciliano con la ricerca della giustizia.

Si domanda, allora, Hart:

> *"La morale con la quale il diritto deve conformarsi se vuole essere buono, consiste nella moralità accettata dal gruppo del cui diritto si*

tratta, anche se questa può basarsi sulla superstizione o può negare i suoi benefici e la sua protezione [...]? Oppure la morale consiste in principi che sono illuminati nel senso che si basano su idee razionali in rapporto a questioni di fatto, e riconoscono che tutti gli esseri umani hanno diritto a un'eguale considerazione e rispetto?

Il concetto di giustizia all'interno di un insieme di regole, che chiamiamo ordinamento giuridico, è limitato all'atto dei cittadini di rispettare le leggi di tale ordinamento. In questo contesto è pertanto giusto ciò che è fatto secondo legge, indipendentemente, quindi, dal risultato pratico della sua applicazione al caso concreto. Per questo ci capita talvolta di affermare che la verità processuale è diversa da quella reale, oppure che una sentenza non sembra produrre effetti di soddisfazione nei termini sperati sia dai soggetti toccati dalla stessa sentenza che dalla comunità. Ciò significa che una sentenza può essere tecnicamente giusta quando tutti gli elementi procedurali e l'uso delle norme producono decisioni corrette e accettate sul piano giuridico, ma suscettibili di errore sul piano della realtà dei fatti e insoddisfacenti sul piano etico-morale.

Quanto pesano i propri convincimenti morali nei giudizi che tutti i giorni diamo su cosa sia giusto o sbagliato? In che misura devono essere considerati (se devono) nella valutazione e decisione di una controversia? Esiste un modo di fare giustizia che riesca a soddisfare sia i bisogni giuridici che morali delle persone?

IV
BUGIE E PROMESSE

Il termine "morale" e il termine "etica", come accennato in precedenza, sono spesso usati come sinonimi. Alcuni studiosi, infatti, ritengono superflua la distinzione descritta nel capitolo precedente. Di fatto, se accettassimo di utilizzare unicamente il termine "morale" potremmo distinguere tra "morale assoluta" e "morale relativa", riferendoci con la prima definizione a quei principi naturali che ispirano dalla nascita la nostra condotta e rendono giuste le nostre azioni, mentre con la seconda definizione guarderemmo a quei principi morali mutevoli nel tempo, ritenuti giusti seppur legati ad uno specifico contesto storico e socio-culturale. Le azioni ispirate a questa seconda tipologia di principi morali risulteranno giuste entro la ristretta cerchia delle proprie convinzioni maturate nel contesto socio-educativo in cui si è cresciuti. Accade sovente che i principi derivanti dal relativismo morale sono influenzati da spinte utilitaristiche e convenzioni sociali, entrando talvolta in conflitto con i principi della morale assoluta. Per questo motivo trovo difficile utilizzare lo stesso metodo terminologico per la parola "etica", ritenendo essa assoluta o universale per unica definizione. L'etica è universale e mai relativa al di là dell'uso pratico che se ne fa per decidere e governare le nostre azioni.

Ma cosa vuol dire "assoluto" e "relativo"?

Il dibattito sulla giustizia delle azioni umane ha visto lo schieramento di diverse scuole di pensiero e teorie. Semplificando al massimo diremmo che le due correnti maggiori sono state quelle del *"deontologismo"* e dell'*"utilitarismo"*, poi estremizzato nel *"consequenzialismo"*. Fanno parte del primo gruppo coloro che pensano la morale come dovere, quindi come obbligo. Come abbiamo visto nel volume *"Etica del Buonsenso"*, parlando di Immanuel Kant, in questa corrente è la morale assoluta il faro delle decisioni alla base dei comportamenti umani. Precetti come "non rubare", "non mentire", "non uccidere" valgono sempre e comunque in senso assoluto come dovere. La principale critica a questa impostazione è come dovremmo valutare, ad esempio, una menzogna detta per necessità o un omicidio per legittima difesa oppure un furto di generi alimentari effettuato in condizioni di grave indigenza. Se vale il precetto morale come dovere assoluto (imperativo categorico) non dovremmo mai accettare compromessi, elevando la legge morale a legge universale a cui conformare i nostri comportamenti. Insomma, la sacralità del principio morale non ammetterebbe la valutazione delle circostanze in cui l'uomo si trova ad operare né delle conseguenze delle sue azioni (rubare, mentire) o non-azioni (non reagire con violenza verso chi ci attacca violentemente).

Il consequenzialismo reagisce alla teoria della morale come dovere assoluto affermando che un'azione si può definire giusta se le conseguenze che ne scaturiscono favoriscono il benessere collettivo in termini di utilità.

Per gli utilitaristi (tra i quali ricordiamo Jeremy Bentham e John Stuart Mill ai quali ho dedicato ampio spazio nel volume "Etica del Buonsenso") e consequenzialisti è ammesso trasgredire un principio morale assoluto se da tale trasgressione scaturisce un beneficio maggiore per il più alto numero di beneficiari. Non dobbiamo commettere l'errore di pensare all'utile nel modo in cui aveva inteso Trasimaco nel dialogo socratico (l'utile del più forte). L'utile è qui inteso come la felicità per il maggior numero possibile e non è riferito al mero interesse personale. Il fine è quindi sempre da individuare nel bene comune, con la differenza che i consequenzialisti fanno dipendere il valore delle azioni umane dalla valutazione delle loro conseguenze, mentre Kant faceva dipendere il valore delle azioni dal movente che le ispirava (aderire ad un imperativo categorico come dovere assoluto).

Ma vediamo un esempio pratico di estrema semplicità, analizzato da entrambe le prospettive:

Marika e Giulia sono due compagne di scuola e sono molto amiche. Un pomeriggio Giulia va a casa di Marika per fare i compiti insieme all'amica del cuore. I genitori di Giulia impongono alla figlia un orario di rientro e Giulia promette loro che sarebbe tornata a casa entro l'ora stabilita. Le due amiche, tra compiti e giochi, non si rendono conto del tempo che passa e finiscono per sforare l'orario di rientro tassativo che Giulia aveva promesso ai suoi genitori di rispettare. Accortasi del ritardo, Giulia si dispera. I suoi genitori sono molto severi e non transigono sulla violazione di tali regole di condotta. Giulia, temendo fortemente il rimprovero dei suoi genitori, decide di inventarsi una bugia e chiede a Marika di sostenerla in quest'azione. Giulia dice ai suoi che Marika è stata poco bene e che non se la sentiva di lasciarla senza prima essere certa che l'amica stesse meglio. Marika asseconda l'amica in questa azione confermandone la versione. In questa vicenda ha prevalso il timore di entrambe che Giulia potesse subire e soffrire dell'eventuale rimprovero dei suoi genitori. Marika, infine, si è sentita in dovere di aiutare Giulia, sia per amicizia sia per senso di responsabilità, essendo stata lei stessa partecipe del tempo trascorso insieme all'amica.

Ragionando in termini deontologici rileviamo che sulle due protagoniste ricadono alcuni principi morali quali "mantenere le promesse", "rispettare i genitori", "non mentire". Al di là se il precetto dei genitori di Giulia sia giusto o meno nel merito (stabilire un orario di rientro) e nella forma (imposizione, ordine) è un precetto che assume una validità alla quale Giulia accetta di assoggettarsi promettendo di non trasgredire tale regola. Pertanto, sempre ragionando sotto il profilo deontologico, l'eventuale rimprovero dei genitori non deve influenzare Giulia nel decidere l'azione da compiere, la cui correttezza si basa esclusivamente sul rispetto dei doveri morali prima descritti.

Sul piano consequenzialista e utilitarista, invece, la conseguenza possibile del rimprovero pesa moltissimo sulla decisione della corretta azione da intraprendere. L'utilitarista classico ragiona in termini di piacere e dolore. Ogni azione deve avere come fine il raggiungimento del primo e la massima diminuzione del secondo.

Il fine, nel caso specifico, è quello di evitare il rimprovero nei confronti di Giulia senza recare danno agli altri. Nella valutazione delle conseguenze della bugia inventata dalle due protagoniste valutiamo che essa non comporta particolari effetti collaterali negativi in termini pratici, se non il fatto stesso che rappresenta una bugia che non andrebbe detta. Il bene da salvaguardare è però, in questo caso, non tanto l'osservanza del precetto morale quanto il compimento dell'azione che procuri il maggior benessere a tutti i protagonisti (genitori compresi) della vicenda.

È lecito, quindi, trasgredire una norma morale universale per ottenere un risultato pratico più utile al caso particolare? Possono i sentimenti morali dettati dalla quotidianità modificare a propri fini i principi etici universali? Infine, le conseguenze di un'azione che modifica il precetto morale possono essere migliori per la comunità rispetto a quelle che si avrebbero rispettandolo?

È evidente che la diatriba fra le due "visioni" non porta a risultati completi né pienamente soddisfacenti. C'è bisogno di qualche elemento in più per arrivare a capire quando possiamo definire davvero giusta un'azione.

V
UNO È MEGLIO DI CINQUE?

Abbiamo visto come i soli moventi o le sole conseguenze non siano sempre sufficienti a inquadrare un'azione come giusta. Quando la decisione sul come agire e l'analisi delle possibili conseguenze non porta ad alcuna certezza sulla piena giustizia dell'azione si parla di "dilemmi morali". Nel precedente volume sull'etica avevo già proposto il classico esempio del carrello ferroviario. Lo riprendo in modo sintetico e lo integro con un altro esempio, ritenendolo utile ai fini della trattazione.

Un carrello ferroviario viaggia fuori controllo e ad alta velocità lungo un binario sul quale, più avanti, sono sdraiati e legati cinque uomini. Pochi metri prima del punto in cui sono posizionati i cinque uomini c'è uno scambio ferroviario con una leva che, se azionata, permetterebbe al carrello di deviare la sua corsa su un altro binario dove però è sdraiato e legato un altro uomo. A questo punto, se voi foste nella posizione di azionare la leva, cosa fareste? Deviereste la corsa del treno per

La maggioranza delle persone a cui vengono sottoposti tali dilemmi risponde che azionerebbe la leva nel primo caso ma non sacrificherebbe il paziente sano per salvare la vita agli altri malati nel secondo caso.

I sei uomini del primo esempio vengono visti legati ad una sorte analoga. La leva si interpone fra l'intenzione dell'agente e le conseguenze, filtrando l'azione. In ogni caso morirà qualcuno ma il giudizio morale che persuade la maggioranza è quello di aver evitato il peggio.

Sul caso specifico sono state create diverse varianti per capire meglio i fattori che possono influenzare una decisione.

Una variante a questo esempio è la seguente:

ferrovia, un uomo di grossa taglia che in quel momento sta osservando la scena. Il suo corpo si interporrebbe tra il carrello e i cinque uomini. L'uomo di grossa taglia perderebbe la vita o per la caduta o per l'impatto col carrello ma la vita degli altri cinque è salva. Spingereste l'uomo giù dal cavalcavia?

In questo caso, la maggioranza delle persone a cui viene sottoposto il quesito, non accetta di spingere l'uomo dal cavalcavia. Siamo tornati al medesimo risultato ottenuto con l'esempio del pronto soccorso.

L'intenzionalità del movente prevale, non si uccide volontariamente. In pochissimi sono disposti a contravvenire al principio etico di "non uccidere", seppur con il risultato utile di aver salvato la vita a più persone. Ecco perché è sbagliato misurare il ragionamento utilitarista e consequenzialista con un semplice calcolo matematico dissociato dal sentimento morale. La misurazione dell'utile deve essere quindi calcolata in termini di benessere che una determinata azione restituisce all'intera collettività oltre che ai diretti destinatari dell'azione stessa. È qui che si può valutare la giustezza dell'azione: se l'utilità di un risultato non è suffragato dal senso di giustizia per l'azione che l'ha prodotto allora è molto probabile che sia mancato il fondamento etico alla base dell'azione stessa.

Eppure, non sempre siamo portati a ragionare allo stesso modo per medesime situazioni. I casi del pronto soccorso e del cavalcavia ci presentano situazioni in cui non siamo disposti a sacrificare un principio etico fondamentale in nome di un risultato apparentemente utile.

Prendiamo ad esempio il seguente caso:

> *È in corso una guerra tra due Stati. Lo Stato A ha il ragionevole sospetto che lo Stato B sia pronto ad usare un'arma molto potente in grado di distruggere mezzo pianeta. A sa che colpendo B in un determinato punto del suo territorio provocherebbe la morte di molti civili ma avrebbe sensate speranze di porre fine al conflitto neutralizzando la possibilità che B faccia ricorso ad armi di distruzione di massa. Esiste comunque una minima possibilità che non esista alcun'arma e che l'attacco si riveli inutile. Che fare?*

Apparentemente dovremmo ragionare come nel pronto soccorso o sul cavalcavia. Non dovremmo permettere il sacrificio di innocenti per salvare la vita a più persone. In realtà, in questo caso, subentrano due filtri che riportano la situazione specifica più simile a quella della leva del carrello ferroviario che alle altre due. Innanzitutto, il pericolo determinato dall'eventualità che B possa possedere ed utilizzare un'arma capace di distruggere il pianeta rende tutti partecipi emotivamente e direttamente di una medesima situazione. La salvaguardia dei civili potrebbe comunque risultare vana se B decidesse di utilizzare l'arma. Ma tale ipotesi appare minima in rapporto al potenziale pericolo da scampare. L'altro filtro è determinato dall'entità che decide, in questo caso lo Stato. Fermo restando il dilemma in seno a chi prenderà la decisione finale (presidente, ministro della difesa, etc.), la stessa viene vista dall'opinione pubblica come non direttamente dipendente dalla propria intenzione, volontà, e quindi più giustificabile.

Tutto ciò non prescinde dal fatto che ognuno di noi debba saper agire con giustizia. E la giustizia si misura con il rispetto dell'etica e con la bontà del risultato sia in termini etici che pratici. E, come abbiamo visto finora, non è affatto facile.

Per giustificare e rendere più giusta un'azione, dicevamo, sono state introdotte numerose varianti agli esempi sopra esplicati.

Ad esempio, cambierebbe qualcosa nella nostra decisione se sapessimo prima che l'uomo sul cavalcavia è un pericoloso omicida ricercato da tempo dalla polizia? Lo salveremmo lo stesso?

Allo stesso modo, azioneremmo la leva se ci dicessero che i cinque uomini legati sul binario sono dei criminali che hanno appena commesso una rapina provocando dei morti e che l'uomo legato sull'altro binario è invece un poliziotto che tentava di catturarli? Tali informazioni cambierebbero il nostro modo di valutare il contesto e di decidere l'azione migliore da praticare?

Se il dubbio ci pervade allora è il caso di fare un passo avanti.

VI

IL GIUSTO E IL BUONO

Possiamo trovare una mediazione tra i principi dell'etica come dovere e le necessità pratiche in termini di benessere e felicità? Quando è possibile transigere le prime per migliorare i risultati delle seconde senza avvertire alcun senso di ingiustizia?

Le difficoltà incontrate in precedenza per trovare l'azione giusta "in assoluto" si scontrano con quello che abbiamo chiamato "relativismo morale" ma anche con un certo "conflitto tra diritto e morale" (e vedremo più avanti in modo specifico quando questo si attua).

Ammesso, quindi, che è molto complicato dire che alcuni principi morali contano più di altri nelle decisioni che siamo chiamati a prendere ogni giorno (chi è realmente in grado di dire con certezza che tirare la leva dello scambio ferroviario è più giusto che non tirarla?), occorre trovare un metodo di ragionamento che provi a oltrepassare la diatriba tra l'etica dei doveri e quella dei risultati.

Un contributo in tal senso è giunto dal filosofo e filologo britannico William David Ross (Thurso, 15 aprile 1877 – Oxford, 5 maggio 1971), studioso di etica e docente a Oxford. I suoi testi di riferimento in materia di etica sono *"The right and the good*" (Il giusto e il buono) del 1930 e "*Foundations of Ethics*" (Fondamenti di Etica) del 1939. Ross è stato, tralaltro, un profondo studioso della filosofia di Aristotele del quale ha tradotto tutte le opere.

Il filosofo inglese ci spiega che, nell'ambito di un contesto in cui scegliere l'azione giusta da compiere, è possibile che entrino in conflitto più principi o doveri etici "assoluti". Ross definisce tali principi come "*doveri prima facie*" ovvero principi etici autoevidenti "*a prima vista*".

Ad esempio, se diciamo una bugia allo scopo che venga salvaguardata l'incolumità di una persona, i due doveri confliggenti sono "*non mentire*" e "*salvaguardare la vita umana* o *non far del male agli altri*". Quale scegliere? In una situazione di questo tipo Ross indica la via della valutazione del contesto, ovvero delle circostanze ai fini di scegliere l'azione più appropriata. In questo modo è possibile preferire un principio ad un altro senza che alcuno di essi venga violato nella sua veridicità universale.

I doveri *prima facie* di Ross non sono, quindi, dei veri e propri doveri ma, piuttosto, dei criteri che aiutano a individuare le caratteristiche di una determinata situazione e, di conseguenza, la valutazione del miglior modo in cui agire.

I principi enunciati da Ross non hanno un numero preciso. Il filosofo inglese ci indica una classificazione generale di base che ci serve da orientamento generale.

Egli individua il "*dovere di fedeltà ovvero di mantenere le promesse*", il "*dovere di riparazione o di correggere i danni/torti che abbiamo fatto ad altri*", il "*dovere di gratitudine o di restituzione dei benefici o favori ricevuti da altri*", il "*dovere di promuovere e adoperarci per la felicità di tutti ovvero dovere di giustizia (redistribuire la felicità in base al merito morale)"*, il *"dovere di non fare male agli altri"*, il *"dovere di automiglioramento o raggiungimento della virtù"* che consiste nell'applicare congiuntamente a se stessi i principi di benevolenza e non malevolenza.

La soluzione di un conflitto tra principi etici universalmente riconosciuti si basa, quindi, sull'analisi delle circostanze e del contesto in cui si verifica una specifica situazione. Tale analisi si basa sul senso comune, che per Ross è molto vicino al concetto di buon senso in quanto quello che egli definisce il comune sentire morale è riferito ai principi morali che ogni persona dotata di ragione dovrebbe saper riconoscere e applicare, al di là dell'utilità specifica personale.

È così che, ad esempio, in una situazione in cui, a prescindere se si condanni un colpevole o un innocente si abbia paradossalmente lo stesso beneficio, una persona dotata di un comune senso morale, non avrebbe dubbi a preferire la condanna del colpevole e ritenere mai ammissibile la condanna di un innocente.

Cambiamo contesto e analizziamo la situazione in cui mantenendo una promessa fatta, Tizio guadagnerà mille. Non mantenendo la promessa, Caio guadagnerà mille e uno. Il fatto che Caio possa trarre un beneficio di poco maggiore farebbe preferire la scelta del non mantenere la promessa (utilitarismo puro). In realtà il senso morale comune indicato da Ross farebbe preferire comunque il mantenere la promessa. La differenza minima di vantaggio nei confronti di Caio non viene ritenuta, nella valutazione delle circostanze, motivo sufficiente per tradire un principio etico fondamentale.

Infine, Ross spiega che tra i doveri fondamentali non tutti sono classificabili alla pari. Ad esempio, tra quattro principi oggettivamente buoni quali *virtù, conoscenza, giustizia e piacere,* la virtù è la più importante. Fra le azioni virtuose, inoltre, è possibile ritenere che fare il proprio dovere sia più importante che provocare piacere agli altri. Il gradino più alto, tra i valori, è riservato alla conoscenza, la quale è più importante quando riguarda i principi generali rispetto all'opinione che ci creiamo di fronte a fatti specifici. La giustizia si collocherebbe tra conoscenza e piacere, quest'ultimo ritenuto meno importante degli altri principi.

Ma al di là della validità o meno circa la classificazione e l'importanza che Ross ci suggerisce rispetto ai doveri prima facie e ai principi etici assoluti, l'importanza del contributo del filosofo inglese è data dal superamento della contrapposizione tra scelta etica pura in base ad un principio assoluto non violabile e scelta utile in base alla bontà delle conseguenze di un'azione (anche in violazione del principio etico assoluto). Il tentativo di percorrere una terza via nello stabilire il criterio di individuazione dell'azione giusta da compiere è corretta ma, forse, ancora incompleta e, in parte, contraddittoria. Il prossimo passo avanti sarà quello di affinare il metodo proponendo la nostra teoria morale.

VII
LA TEORIA DEL BUONSENSO

In filosofia si è spesso dibattuto se la nostra capacità di azionare un evento giusto o sbagliato, buono o cattivo, derivi dalla ragione o da qualche altro elemento collegato alla natura umana.

La ragione è senz'altro protagonista dell'elaborazione delle informazioni al fine di produrre l'azione. Il modo in cui la ragione elabora tali informazioni produce decisioni giuste o sbagliate.

Le informazioni vengono raccolte attraverso l'osservazione dei fatti e l'esperienza; la ragione ha il compito di analizzarli.

Esiste però un senso naturale e innato, precedente all'attività razionale, che ci permette di percepire il valore dei principi in campo, preliminarmente a qualsiasi valutazione e azione da svolgere.

Il buonsenso è la sintesi del codice etico di base di cui l'uomo è dotato sin dalla nascita. Il buonsenso è il criterio con cui l'uomo individua e gestisce i principi etici universali che riemergono nelle specifiche situazioni che ci si trova ad affrontare.

La teoria del buonsenso sposa il principio che l'uomo nasce buono e che abbia con sé fin dalla nascita un profondo senso di giustizia e di ingiustizia che si esplicita con la capacità di distinguere ciò che è buono da ciò che è cattivo, ciò che è giusto da ciò che è sbagliato. Diversi studi scientifici sul comportamento dei bambini, effettuati in vari stadi della crescita, confortano tale convincimento.

L'uomo è naturalmente dotato di un pacchetto di regole etiche universali che dovranno ispirare la propria condotta.

Il buonsenso è il modo in cui tenere coerenti le regole di tale pacchetto al fine di trovare la soluzione giusta quando esse entrano in contatto con le abitudini dell'esperienza quotidiana, con le norme giuridiche, con le regole dei differenti contesti culturali, sociali e educativi. In teoria il buonsenso dovrebbe ispirare la ratio e la giustezza delle altre regole, ma sappiamo che nella pratica questo non sempre si verifica.

Purtroppo, l'uomo perde spesso, nel corso del tempo, in particolare modo dall'età scolastica a quella della realizzazione professionale, la capacità di individuare e utilizzare il buonsenso, proprio a causa dell'esperienza e del contesto socio-educativo in cui cresce e dall'influenza che i propri fini e interessi personali esercitano nelle scelte da compiere. Non tutti, infatti, utilizzano o interpretano il buonsenso allo stesso modo e molti ne perdono completamente l'uso nel corso degli anni. È, però, possibile recuperarlo grazie al metodo di esercizio che vedremo tra poco.

Premesso ciò, vediamo quali sono le caratteristiche del buonsenso e come esso risulta funzionale all'azione umana:

- *Differenza tra buonsenso e senso comune.* Il buonsenso è innato mentre il senso comune è successivo. La differenza tra buonsenso e senso comune è che il primo opera sempre allo stesso modo basandosi su una capacità innata di capire cosa è giusto, cosa sbagliato, cosa buono e cosa cattivo, mentre il secondo è relativo a cosa si crede giusto, sbagliato, buono o cattivo in un determinato periodo storico, contesto socio-culturale. Per questo motivo una regola giuridica può apparire giusta ed essere accettata dalla comunità in un certo luogo e periodo ma essere contestabile sul piano del buonsenso e dell'etica di base (si pensi ad esempio alla pena di morte).

- *Il buonsenso risolve i conflitti in modo vincente.* Il buonsenso non porta a soluzioni di compromesso ma a soluzioni giuste senza dubbio. Nell'impossibilità di ottenere il risultato giusto in assoluto, il buonsenso opera per la ricerca della miglior soluzione possibile.

- *Il senso rivoluzionario.* Il buonsenso è rivoluzionario in quanto obbliga alla valutazione di tutti gli elementi e le circostanze; all'esercizio del dubbio come spinta per ricercare la verità; è creativo perché obbliga a mettere in discussione i presupposti, ad uscire dagli schemi, dai luoghi comuni, dai cliché, dalle consuetudini, dalle apparenze e false credenze. Opera in tal senso un progresso culturale ancorando i cambiamenti sociali all'etica buona della natura umana.

- *Il fine del buonsenso e differenza con il buonismo.* Il buonsenso opera per il bene comune; è virtuoso e non ha nulla a che vedere con la pratica utilitarista e personalistica del buonismo (apparire come conviene ai fini di un vantaggio sociale). Ricordate l'aforisma che avevamo coniato nel volume dell'etica? *"Il buonismo è forma, il buonsenso è sostanza"*.

- *Neutralità, imparzialità e uguaglianza.* Il buonsenso è imparziale, neutrale e tratta tutti con uguaglianza. Ogni decisione ispirata a buonsenso deve essere presa come se ci trovassimo in una posizione neutrale, imparziale, obiettiva e non influenzabile da interessi personali, da schemi mentali o dall'opinione pubblica.

- *Il buonsenso come regola superiore all'ordinamento giuridico.* Il buonsenso funge da deroga alle norme giuridiche quando esse non risultano adeguate a risolvere il caso concreto o non producono effetti giusti (secondo un senso di giustizia etico) per tutti i soggetti coinvolti.

Dicevamo che per recuperare l'uso del buonsenso e utilizzarlo nella nostra vita e attività professionale occorre dotarsi di un forte impegno mentale e di un metodo.

Gli schemi dell'abitudine e le convenzioni sociali sono difficili da scardinare. Spesso svolgiamo le cose in un determinato modo senza nemmeno sapere perché. Riteniamo che esso sia l'unico modo per svolgerle e che sia persino giusto per il semplice motivo che *"lo fanno tutti"* oppure perché *"si è sempre fatto così"*.

Per questo, operare con buonsenso è difficile perché consiste in un esercizio razionale che sappia richiamare i principi etici di base e farli dialogare con i propri convincimenti morali, con le regole morali e giuridiche del contesto in cui operiamo, al fine di ricercare e applicare soluzioni giuste senza dubbio.

Ma proviamo a elencare i passaggi del metodo:

- Osservare il contesto in cui ci si trova ad agire, sospendendo il giudizio.
- Porsi nella posizione dello *"spettatore imparziale"* (vd. Adam Smith in *"Teoria dei Sentimenti Morali"* a cui ho dedicato un capitolo in *"Etica del Buonsenso"*), liberando la mente da condizionamenti, convincimenti, preconcetti e schemi abituali.
- Esercitare il dubbio per raccogliere tutti gli elementi utili ai fini di una decisione giusta ed equilibrata (la realtà, infatti, spesso non è come ci appare o come ci viene raccontata, vd. Pirrone e lo *Scetticismo* in *"Etica del Buonsenso"*).
- Individuare il fine da raggiungere (che deve avere a che fare col bene comune).
- Valutare le intenzioni ovvero i moventi per cui ci si dovrebbe orientare ad una determinata azione.
- Valutare le circostanze in cui ci si trova ad operare.
- Valutare tutte le possibili soluzioni cercando di prevedere, con la massima precisione possibile, gli effetti e le conseguenze di ogni possibile azione, valutandole sulla base dell'accettabilità, della soddisfazione della domanda di giustizia e del senso etico di giustizia.
- Abbattere eventuali limiti burocratici e derogare a eventuali limiti giuridici che impediscono la

realizzazione di una possibile azione pienamente giusta.

- Praticare l'azione scelta.

L'azione giusta è quella che soddisfa pienamente il senso di giustizia di tutti e che non reca danno a nessuno.

Detto ciò, credo sia opportuno produrre altri esempi pratici al fine di comprendere meglio.

VIII
L'ORSA E IL DILEMMA MORALE

Partiamo da un fatto realmente accaduto per provare a spiegare nella pratica il metodo di ragionamento che dovrebbe sottendere ad una scelta d'azione in seno a chi ha il dovere/potere di agire.

Un'orsa ferisce una persona nei boschi del Trentino e, a distanza di tempo, ne ferisce una seconda. Il presidente della Provincia di Trento, dopo il secondo episodio nel quale la vita di un uomo è stata messa seriamente a rischio, emana un'ordinanza per abbattere l'orsa e così l'animale viene ucciso. Il motivo dichiarato di tale provvedimento è che la sicurezza delle persone viene prima della vita degli animali.

> *"Non siamo compiaciuti per aver preso una decisione di questo tipo, ma c'è una scala di valori: prima viene l'uomo, poi gli animali".*

Vogliamo credere che il presidente in questione si sia posto il dilemma morale prima di assumere la decisione di uccidere l'animale e che, quindi, la sua decisione sia stata valutata e ponderata in tutti gli aspetti. Utilizziamo questa vicenda, nel modo in cui è stata raccontata dagli organi di informazione, al solo fine di rendere maggiormente chiaro come opera il metodo del buonsenso sull'assunzione di una scelta da compiere.

In questo caso, la soluzione al dilemma morale, che dovrebbe aver accompagnato una qualsiasi persona di buon senso prima di assumere una decisione così delicata, è quindi, stata quella di aver privilegiato la sicurezza (l'incolumità dell'uomo) rispetto alla vita dell'animale.

Ma è stata una soluzione giusta? Oppure lo è stata solo nella motivazione? O nemmeno quello?

Il risultato (l'uccisione dell'orsa) non accontenta tutti e quindi siamo di fronte ad un episodio che trascende la parte tecnico giuridica per finire nel dilemma morale (la giustizia oltre le regole ovvero quando le regole non risolvono da sole la domanda di giustizia e non soddisfano il senso di giustizia).

Quando ci si trova a decidere di fronte a un dilemma di questo tipo occorre prendere in considerazione molti elementi fra i quali i seguenti:

1) Innanzitutto, si parte dai fatti. Due persone ferite. Si esaminano i dubbi che emergono e si pongono le relative domande. In che circostanze sono state aggredite le due persone? Tali aggressioni sono state identiche nelle modalità? Come si sono comportate queste persone di fronte all'orsa? L'orsa è stata aggressiva in modo istintivo o si è difesa pensando a un pericolo? Ogni dettaglio sulla ricostruzione dei fatti deve aiutare a valutare la situazione con la massima obiettività.

2) La valutazione sulla pericolosità dell'animale e sulla recidiva. Anche qui occorre muoversi con la massima

precisione e competenza. L'orsa ha incontrato l'uomo due volte o ci sono stati altri episodi in cui, invece, non ha reagito con l'aggressione?

3) Valutare i moventi etici alla pari: sicurezza dei boschi, salvaguardia dell'uomo, salvaguardia dell'ambiente e degli animali.

4) Chiedersi quale soluzione adottare. Il criterio generale è domandarsi se sia possibile ottenere il pieno di risultati soddisfacenti ovvero salvaguardare la sicurezza dell'uomo, dei boschi e la vita degli animali al tempo stesso. Se esiste questa possibilità va perseguita senza dubbio.

5) Se non esiste la possibilità di adottare una soluzione giusta senza dubbio, ovvero che non faccia male ad alcuno, si cade nel campo della scelta migliore possibile, detta anche del "meno peggio" se si ritiene che tale soluzione porti con sé più conseguenze positive che negative.

La soluzione adottata in questo caso non apparirà a tutti come giusta in quanto sacrifica qualcuno/qualcosa per salvare un bene maggiore. Degli obiettivi alla pari, elencati precedentemente, si decide di farne prevalere uno o alcuni rispetto ad altri attribuendo così una scala di valori. Il ragionamento morale sotteso a quale sia il bene maggiore è anch'esso suscettibile di critica ed è quindi relativo. In soccorso vengono le regole che aiutano a decidere verso una soluzione "approvata" proceduralmente, prevista giuridicamente, ma discutibile in senso etico. Il dilemma rimane: si poteva fare di meglio?

La questione della giustizia riferita ad una scala di valori è stata oggetto di una lezione del celebre filosofo del diritto Hans Kelsen (Praga, 11 ottobre 1881 – Berkeley, 19 aprile

1973), padre del cosiddetto "normativismo". La lezione, dal titolo *"Che cos'è la giustizia?"*, si è tenuta presso l'Università della California, Berkeley, il 27 maggio del 1952.

Kelsen riconosce che, per una certa convinzione etica, la vita umana è il valore più alto. Secondo tale convinzione è assolutamente vietato, in ogni caso, uccidere un essere umano. Questo vale anche per la guerra e per la pena di morte. Secondo il filosofo della logica del diritto, però, esiste anche il convicimento etico che mette al primo posto il valore dell'onore e dell'interesse della nazione. Per tale convincimento, tutti saremmo moralmente obbligati a sacrificare in guerra le nostre vite e uccidere altri esseri umani, considerati nemici della nostra patria.

Kelsen ammette l'impossibilità a scegliere scientificamente tra i due giudizi di valore e conclude che, nella scelta, prevarrà il nostro soggettivo modo di sentire. Non la ragione, quindi, ma l'emotività della nostra coscienza.

Tale tesi presenta, a mio avviso, un problema che non sarà sfuggito ai lettori più attenti che ormai hanno imparato a muoversi con agio tra etica, diritto e morale.

Il problema del ragionamento di Kelsen è proprio la scala di valori. Nell'esempio del filosofo manca la distinzione tra principi dell'etica e valori della moralità relativa. Il principio "non uccidere" fa parte del codice etico di base. Esso è, infatti, condiviso universalmente e non può essere messo sullo stesso piano dell'onore della patria, in quanto quest'ultimo, anche se accettato da una maggioranza di individui, è comunque un principio successivo alla nascita dell'uomo, ovvero derivato dall'esperienza, dalle costruzioni e dalle organizzazioni sociali messe in atto nella storia dal genere umano. Nessuno mette in discussione il rispetto per i valori soggettivi e relativi che compongono le varie strutture morali degli inividui, ma altra cosa è abbassare a livello di relatività quei principi etici immutabili che dovrebbero ispirare dall'alto tutta la condotta umana alla ricerca della giustizia vera. Ma, secondo Kelsen, la giustizia assoluta è un ideale irrazionale.

IX
IL CASCO DI BANANE

Vi racconto una favoletta che ha per protagoniste cinque scimmie. Non si tratta di un esperimento scientifico, anche se in rete qualcuno ha tentato di farcelo credere, ma semplicemente di una situazione immaginaria che risulta, però, funzionale ad alcuni ragionamenti in campo psicologico e sociologico. Nel nostro caso la storiella è utile per parlare di regole, di come nascono e del come e perché si osservano.
La favola narra di cinque scimmie che vengono introdotte in una grande gabbia dal cui soffitto pende un casco di banane. Nella gabbia è presente anche una scala. Non appena le cinque scimmie entrano nella gabbia non possono non rimanere attratte dalle banane. Una di loro si affretta a salire la scala per prendere il casco di banane ma, appena giunta in cima alla scala, un getto d'acqua gelida la bagna facendola desistere dall'impresa. Anche le altre scimmie vengono raggiunte dagli schizzi di acqua fredda. Una seconda scimmia ci riprova e anche lei, nel tentativo di agguantare le banane, viene colpita dall'acqua fredda che ricade in parte sulle altre compagne.
A quel punto le scimmie decidono di non tentare più di prendere le banane per evitare la doccia fredda.

Un giorno, una scimmia viene sostituita con una nuova scimmia. La nuova entrata non sa nulla della situazione precedente e, appena notate le banane, si avvia verso la scala per salire a prenderle. Viene bloccata immediatamente dalle altre in modo così deciso da convincere la nuova scimmia a non provarci più. La stessa scena si ripete, nei giorni seguenti, con una seconda nuova scimmia che viene introdotta al posto di un'altra e che, al primo tentativo di prendere le banane, viene aggredita dalle altre, compresa quella che era entrata pochi giorni prima. Poi tocca ad una terza essere sostituita, poi una quarta e, infine, anche l'ultima del gruppo originario. A questo punto non rimane più alcuna scimmia che sia a conoscenza del getto d'acqua ma nessuna di loro proverà mai a salire la scala per prendere le banane. Tutte le nuove scimmie, infatti, hanno appreso dalle precedenti la regola che non si può salire la scala per prendere le banane e, pur non conoscendone il motivo originario, la accettano per buona.

In realtà il motivo per rispettare la regola è quello di difendere la propria incolumità dall'aggressione delle altre, mentre, per le prime cinque scimmie il motivo era difendersi dal getto d'acqua gelido. Quest'ultimo è però ignoto ai membri del nuovo gruppo che si è gradualmente formato ma, ai fini dell'accettazione di una regola, tale ignoranza appare superflua.

Se dall'esterno venisse disattivato il meccanismo che aziona il getto d'acqua alla scala, nessuna scimmia lo verrebbe a sapere, a meno che non ne arrivasse una talmente indisciplinata, disobbediente, rivoluzionaria, come preferite, pronta a sfidare il rischio per tentare il "cambiamento".

Più facile, però, attuare un cambiamento in gruppo che con un singolo.

Per questo finchè viene sostituita una scimmia alla volta, il singolo tende ad accettare le regole consolidate del gruppo in cui si ritrova a coabitare per paura della maggioranza.

Le regole spesso vengono accettate come giuste per il semplice motivo che sono state tramandate così ed è difficile cambiarle. Talvolta alcune regole non appaiono fondate né giuste ma vengono ugualmente applicate e rispettate in modo passivo. Di fronte ad una regola immotivata o ingiusta è possibile intervenire? In che modo?

X
DISOBBEDIRE

"È con vero entusiasmo che sottoscrivo il motto «Il miglior governo è quello che governa meno». Mi piacerebbe si realizzasse il più rapidamente e sistematicamete possibile. In realtà si riduce a questo: «Il miglior governo è quello che non governa affatto» e anche in ciò credo fortemente. Riusciremo a realizzarlo quando saremo abbastanza maturi".

Non sono parole mie, bensì di Henry David Thoreau (Concord, 12 luglio 1817 – Concord, 6 maggio 1862), filosofo statunitense. La frase sopra riportata è l'incipit de *"La disobbedienza civile"*, uno dei suoi capolavori letterari, nato in seguito alla sua protesta verso la scelta del governo statunitense di dichiarare guerra al Messico (guerra che fu combattuta tra il 1846 ed il 1848). Per finanziare il conflitto il governo statunitense impose ai cittadini una tassa (chiamata poll-tax) che Thoreau si rifiutò di pagare in quanto ritenuta moralmente ingiusta e contraria ai principi di libertà, dignità e uguaglianza. Tale disobbedienza alla legge gli causò una notte di carcere dal quale uscì solo perché sua zia pagò la tassa per lui. Thoreau non era affatto contento del favore della parente, lui avrebbe continuato a disobbedire e per sei anni non pagò comunque la poll-tax.

Thoreau giudica il governo come un espediente che il popolo sceglie per realizzare la propria volontà, anche se, nella maggior parte dei casi, i governi risultano inefficienti. Tuttavia, prima che il popolo possa agire davvero autonomamente, è comunque soggetto ad abusi e perversioni. La guerra contro il Messico rappresenta, per lo scrittore statunitense, uno di questi abusi.

> *"In fondo, la ragione pratica, per cui, una volta che il governo è nelle mani del popolo, si permette che una maggioranza continui a reggere lo Stato per un lungo periodo di tempo, non dipende tanto dalla probabilità che la maggioranza abbia ragione o che la cosa appaia giusta alla minoranza, ma dal fatto che la maggioranza è materialmente più forte".*

Un governo basato su tali presupposti non può basarsi sulla giustizia.

> *"Non potrebbe esservi, invece, un governo nel quale a decidere praticamente su ciò che è giusto e ciò che è ingiusto non fosse la maggioranza ma la coscienza?"*

Thoreau, quindi, afferma che è necessario disobbedire alle leggi ingiuste. Con la disobbedienza civile Thoreau non intende alcuna rivoluzione violenta ma, piuttosto, una "non collaborazione" che si esplicita nel "non rispettare" la legge ingiusta. Sono ingiuste tutte le leggi che vanno contro la coscienza e i diritti dell'uomo. Un governo, quindi, sarebbe migliore se la maggioranza si limitasse a decidere solo sulle questioni a cui sia possibile applicabile la regola dell'opportunità. Thoreau introduce il concetto di limite, vale a dire il domandarsi quando e fin dove sia possibile che il cittadino possa abbandonare la propria coscienza nelle mani del legislatore e fin dove il legislatore si possa spingere nel legiferare. Se fosse possibile affidarsi sempre al legislatore, allora a cosa serve avere una coscienza?

> *"E allora, perché (il cittadino) ha una coscienza?*
> *Penso che dovremmo essere uomini prima che*
> *sudditi".*

Ricordando ciò che diceva Aristotele sul fatto che è necessario che le leggi, per essere giuste, debbono essere legiferate da uomini giusti, anche Thoreau punta sulla meritevolezza riguardo al rispetto delle leggi.

> *"Non è da augurarsi che l'uomo coltivi il rispetto*
> *delle leggi ma piuttosto che rispetti ciò che è*
> *giusto. Il solo obbligo che io ho il diritto di*
> *arrogarmi è di fare sempre ciò che credo giusto".*

Non è la legge, quindi, che rende gli uomini più giusti ma sono gli uomini coscienziosi che fanno leggi giuste. È un po' come nelle grandi aziende; esse hanno una coscienza se ci lavorano uomini coscienziosi.

Thoreau chiama coscienza ciò che, nel corso di questa trattazione, abbiamo chiamato codice etico universale, vale a dire una serie di principi giusti che l'uomo deve saper riconoscere e utilizzare in ogni situazione attraverso il buonsenso. Se questo non avviene, allora è facile che, pur rispettando la legge, anche i buoni principi si trasformino in agenti di ingiustizia.

Thoreau propone l'esempio della guerra:

> *"Prendiamo un gruppo di soldati [...]: vanno alla guerra non solo contro la loro volontà ma anche contro il buon senso e la loro coscienza. [...] E sanno tutti bene di trovarsi in un maledetto pasticcio in quanto si tratta di gente pacifica. Adesso, però, che sono?"*

In nome dell'eseguire gli ordini sono state commesse le più grandi atrocità del genere umano e, purtroppo, continuano ad accadere. Thoreau paragona chi esegue passivamente il rispetto delle leggi ingiuste ad un tronco di legno.

> *"Nella maggior parte dei casi non c'è nessun libero esercizio del giudizio e del senso morale. Suppongo che se facessimo degli uomini di legno sarebbero altrettanto utili".*

L'esempio di Thoreau ben si applica a tante vicende di stretta attualità. Vediamone alcune.

Le cronache ci raccontano un episodio avvenuto nel febbraio 2018 alla frontiera tra Italia e Francia nell'ambito delle operazioni di controllo dei migranti che, una volta giunti in Italia, cercano poi di oltrepassare i confini per raggiungere altre nazioni. Una donna nigeriana, incinta e gravemente malata, viene fermata in prossimità del Colle della Scala dalla gendarmeria francese insieme al marito, anch'egli nigeriano. Stava tentando di raggiungere la sorella in Francia in modo da avere una persona di fiducia al suo fianco nel momento del parto. La donna, oltre allo stato di gravidanza, ha visibili e gravi problemi di salute causati da un tumore. Alcuni testimoni raccontano di una persona in seria difficoltà respiratoria. La polizia francese, nonostante le evidenti condizioni precarie di salute della donna e lo stato di gravidanza, decide di respingere l'ingresso della coppia nigeriana riaccompagnandola al confine, nella stazione di Bardonecchia, davanti alla saletta dove vengono ospitati e soccorsi gli immigrati. La donna verrà ricoverata all'ospedale Sant'Anna di Torino dove morirà un mese dopo. Il bambino, nato prematuro, sarà comunque salvo. Il padre dirà che il suo unico desiderio è dare un futuro migliore a suo figlio, in un mondo giusto dove non dovrà essere costretto a chiedere l'elemosina.

La decisione ferma della gendarmeria francese di respingere la donna al confine ha suscitato un certo clamore nell'opinione pubblica. La critica principale mossa da molti nei confronti degli agenti è di aver mancato di umanità nel caso specifico. La risposta degli agenti è stata quella di aver rispettato la legge e aver fatto il proprio dovere. È in casi come questo che dovrebbe agire il buonsenso o la coscienza auspicata da Thoreau. Potevano gli agenti della gendarmeria agire in modo differente da come hanno fatto, indipendentemente se il loro comportamento fosse coerente con le norme giuridiche vigenti in materia di immigrazione? Pare che nelle vicinanze del fermo ci fosse un ospedale. Avrebbero potuto far ricoverare la donna lì, anche se in territorio francese? La mia risposta è sì (e certamente anche quella di Thoreau).

Nello stesso periodo avviene un episodio analogo, però completamente rovesciato. La situazione è simile alla precedente: una donna all'ottavo mese di gravidanza tenta di oltrepassare il confine tra Italia e Francia insieme al marito e agli altri due figli piccoli (uno di due anni e l'altro di quasi cinque). La famiglia di migranti si spinge in alta montagna, sul passo del Monginevro sommerso dalla neve, nel tentativo di entrare in Francia. La donna incinta è in evidente difficoltà e, fortunatamente, una guida alpina, notando il gruppo di migranti, li soccorre con la macchina per portare la donna all'ospedale più vicino, quello di Briancon, in Francia. Una pattuglia della gendarmeria, però, ferma l'auto ad un posto di blocco e conduce l'uomo in caserma. La donna viene comunque portata in ospedale, ma solo dopo un lunghissimo controllo burocratico e grazie all'intervento dei vigili del fuoco. Nonostante il tanto tempo perso in condizioni climatiche al limite, la donna, per fortuna, partorisce senza ulteriori complicazioni. La guida alpina, esperta di primo soccorso, viene invece indagata dalla magistratura francese per favoreggiamento dell'immigrazione clandestina e rischia cinque anni di carcere. "Lo rifarei e non sono pentito", dichiara l'uomo ai giornali ricevendo la solidarietà dei cittadini locali.

Secondo quanto raccontato dalle cronache apparse sugli organi di stampa, i poliziotti francesi si sarebbero preoccupati solo di mettere sotto torchio la guida alpina per oltre un'ora, tra richiesta di documenti e toni duri con cui ricordavano all'uomo di aver trasgredito la legge e mettevano in discussione la veridicità della gravidanza della donna, dimostrando una certa incapacità a riconoscere una situazione d'emergenza. Tutto questo mentre le condizioni di salute della donna, al limite dello choc termico, peggioravano. Non possiamo sapere, mentre scrivo, come andrà a finire la vicenda giudiziaria dell'uomo ma, al momento, ciò che possiamo affermare è che entrambi i casi raccontati descrivono bene quella sensazione che siamo soventi commentare con la frase: "È stata rispettata la legge ma è mancato il buonsenso". Quando manca il buonsenso significa semplicemente che l'uomo agente ha perso la capacità di fare riferimento al codice etico naturale e, di conseguenza, la capacità di armonizzare le norme giuridiche con le norme dell'etica facendo discendere le prime dalle seconde.

Nel caso specifico, la norma che vieta in un Paese l'ingresso a persone straniere, non può elevarsi a rango superiore rispetto alle norme etiche che ci insegnano il rispetto e l'aiuto verso il prossimo e la tutela della dignità umana.

Il senso del dovere assume forme diverse in base, evidentemente, alle diverse sensibilità dell'uomo rispetto al saper risolvere il conflitto possibile tra norme etiche e norme giuridiche.

"Ho fatto solo il mio dovere" è la risposta al clamore mediatico da parte del "ragazzo eroe" che si è lanciato sui binari della metropolitana di Milano per salvare una bambina che era caduta, poco prima che sopraggiungesse il treno. Questa è anche la risposta dei vigili del fuoco e di tanti corpi istituzionali e volontari che ogni giorno si dedicano alla tutela della vita delle persone.

Ma è "aver fatto il proprio dovere", come abbiamo visto in precedenza, anche l'eseguire le norme vigenti e i compiti assegnati dall'alto.

L'azione giusta è quella che non tormenta l'anima. Non sempre è possibile, ma quando lo è occorre avere il coraggio di metterla in pratica.

XI
QUESTO È MIO, NO, È DI TUTTI

Il concetto di giustizia che vorrebbe il cittadino essere suddito solo di sé stesso è il cavallo di battaglia di Jean Jacques Rousseau (Ginevra, 28 giugno 1712 – Ermenonville, 2 luglio 1778), filosofo svizzero considerato il padre del movimento romantico per la sua attenzione all'uomo come essere buono e sensibile, nato libero ma ridotto a schiavo.

> *"L'uomo è nato libero ma dappertutto è in catene"*.

È la frase più efficace del "*Contratto Sociale*", una delle opere più celebri del pensatore svizzero che giunge, però, dopo altri due importanti scritti come il "*Discorso sulle scienze e sulle arti*", che gli vale il primo premio all'Accademia di Digione nel 1750 e il "*Discorso sulla diseguaglianza*" del 1754, opera in cui il pensiero di Rousseau sulla giustizia sociale si fa più chiaro e definito andando ad analizzare i motivi che causano le diseguaglianze fra gli uomini.

"Dio onnipotente! Tu che tieni fra le Tue mani le menti degli uomini, liberaci dalle nefaste arti e scienze dei nostri padri; restituiscici l'ignoranza, l'innocenza e la povertà, che possono renderci felici e preziosi alla Tua vista". (dal Discorso sulle scienze e sulle arti).

Rousseau è portatore del convincimento che l'uomo è per natura buono. Il male e la cattiveria sono caratteristiche che si evidenziano solo a causa delle strutture e dei contesti che lo stesso uomo ha deciso, col tempo, di creare e a cui sottostare. Sono le istituzioni a rendere l'uomo cattivo.

Lo stato di natura non può essere, quindi, portatore di diseguaglianze. Lo è invece la proprietà privata:

"Il primo che, avendo recintato un terreno, pensò di dire questo è mio e trovò delle persone abbastanza stupide da credergli, fu il vero fondatore della società civile. Quanti delitti, quanti assassinii, quante miserie ed errori avrebbe risparmiato al genere umano chi, strappando i pioli o colmando il fossato, avesse gridato ai suoi simili: guardate dal dare ascolto a questo impostore! Se dimenticate che i frutti sono di tutti e la terra non è di nessuno, siete perduti!"

È necessario avere un'idea chiara di cosa sia lo stato di natura per poter ambire a un recupero di quelle caratteristiche. Rousseau spiega che, ormai, non è pensabile tornare a quello stato ma è possibile, anzi necessario, migliorare la società civile affinché l'uomo possa ritrovare la felicità. Spesso tendiamo a credere che molti aspetti caratteristici dell'uomo e della morale umana discendano dallo stato di natura ma, in realtà, essi sono solo un riflesso di ciò che noi crediamo giusto in quanto uomini sociali. Nello stato di natura, invece, vi sono solo due condizioni che caratterizzano l'uomo, ovvero l'autoconservazione e l'incapacità di veder soffrire gli altri.

> *"Lasciando dunque tutti i libri scientifici che non ci apprendono che a vedere gli uomini quali si sono fatti, e meditando sulle prime e più semplici operazioni dell'anima umana, credo di scorgervi due principi anteriori alla ragione: uno dei quali ci interessa ardentemente al nostro benessere e alla conservazione di noi stessi, e l'altro ci ispira una ripugnanza naturale a veder perire o soffrire ogni essere sensibile e principalmente i nostri simili.*
>
> *Dal concorso e dalla combinazione, che il nostro spirito sa fare di questi due principi, senza che sia necessario farvi entrare quello della socievolezza, mi sembrano scaturire tutte le regole del diritto naturale; regole che la ragione è in seguito costretta a ristabilire su altri fondamenti, quando, per i suoi sviluppi successivi, sia riuscita a soffocare la natura".*

Tutte le altre caratteristiche, buone e cattive, quali, ad esempio, la socievolezza, la ragione, l'orgoglio, l'aggressività, la politica, l'avidità, la falsità, la competizione sono proprie

dell'uomo civile ma non dell'uomo naturale. L'unica forma di disuguaglianza presente nello stato di natura è quella fisica in quanto ogni uomo è diverso da un altro.
Nella società civile, invece, vengono continuamente prodotte diseguaglianze di ogni tipo, soprattutto morali, consistenti in differenze di posizione sociale, privilegi, convenzioni sociali.

> *"In questo modo non si è costretti a fare dell'uomo un filosofo prima di farne un uomo; i suoi doveri verso gli altri non gli sono unicamente dettati dai tardivi insegnamenti della saggezza; e fino a che non resisterà all'impulso interno della compassione, egli non farà mai del male ad un altro uomo, e neanche ad alcun essere sensibile, eccettuato il caso legittimo in cui essendo in giuoco la sua conservazione, sia obbligato a dare la preferenza a se stesso".*

Tra le tante cause per le quali la società civile si è allontanata progressivamente dallo stato di natura troviamo la metallurgia e l'agricoltura. Rousseau indica nel grano la causa di ogni disgrazia.

> *"Per il poeta è l'oro e l'argento; ma per il filosofo sono il ferro e il grano gli autori della civilizzazione degli uomini e della perdizione del genere umano."*

L'uomo, da libero e indipendente, diventa schiavo e padrone di tutta una serie di bisogni nuovi che egli crea a catena. Dalla produzione del metallo e del grano alla conseguente necessità di sfamarne i lavoratori nasce il divario tra ricchi e poveri, una delle più gravi disuguaglianze prodotte dalla società civile. L'Europa è il continente più ricco di metallo e grano, per questo è il più infelice. Ricchezza e povertà innescano un conflitto che vede il ricco conoscere il piacere del potere e, quindi, anche l'abuso di esso.

> *"I ricchi, appena conobbero il piacere di dominare, sdegnarono subito tutti gli altri; e servendosi dei loro antichi schiavi per sottometterne di nuovi, non pensarono che a soggiogare e asservire il prossimo [...]"*

Tornare allo stato di natura significa trovare una condizione in cui essere in pace e in armonia con tutti i propri simili, in un rapporto di giustizia dove nessuno si sognerebbe mai di fare del male ad un altro.

> *"L'uomo selvaggio, una volta che ha mangiato, è in pace con la natura e amico di tutti i suoi simili".*

Inutile dire che i ragionamenti di Rousseau sulla natura umana e sulla società civile hanno comportato forte scalpore che contribuì alla già sfortunata e difficile vita del filosofo. Tuttavia, entusiasta del suo trattato circa la disuguaglianza e ancora galvanizzato dal riconoscimento ottenuto tempo prima con il discorso sulle arti, Rousseau cerca di condividere il suo pensiero e di dibatterne il più possibile. Stimatore di Voltaire (Parigi, 21 novembre 1694 – Parigi, 30 maggio 1778), filosofo molto influente dell'illuminismo francese, Rousseau decide di inviargli il suo *"Discorso sulla disuguaglianza"*.

La risposta di Voltaire, una volta ricevuto e letto il saggio, è delle più pungenti e ironiche che si ricordino nella storia della filosofia.

> *"Signore, ho ricevuto il vostro nuovo libro contro il genere umano e ve ne ringrazio. Piacerete agli uomini cui dite le verita' che li riguardano, senza peraltro correggerli. Vi rappresentate con colori molto persuasivi gli orrori della societa' umana, la cui ignoranza e debolezza si ripromettono tante delizie. Nessuno ha mai impiegato tanto ingegno per farci diventare bestie. A leggere il vostro libro, viene voglia di andare a quattro zampe. Ma sfortunatamente, avendo persa questa abitudine da più di sessanta anni, mi è impossibile riprenderla ora, e lascio questa andatura naturale a coloro che ne sono piu' degni di voi e di me".*

Rousseau fa finta di non cogliere l'ironia del collega e risponde nuovamente ringraziando Voltaire per l'attenzione dedicatagli, *"un onore essere conosciuto da voi"*. Il tentativo di Rousseau di gettare acqua sul fuoco e di mantenere sul piano del rispetto il rapporto con Voltaire dura poco. Come ci ricorda Bertrand Russell, filosofo e storico della filosofia:

> *"Non sorprende che i due abbiano finito per litigare, sorprende piuttosto che non abbiano litigato prima".*

In conclusione, la filosofia di Rousseau dimostra quanto sia rivoluzionario e spesso, incompreso o non accettato, il pensiero di chi rompe gli schemi costruiti dalla società, soprattutto quando essi sono funzionali agli interessi di alcuni a discapito di altri. Se ci pensiamo bene, ancora oggi è così. I nostri stili e schemi di vita e di educazione, quanto portano davvero al progresso in termini di giustizia e benessere sociale? L'immagine del *"tornare a camminare a quattro zampe"* con cui Voltaire deride il pensiero di Rousseau giudicandolo una regressione che offende il genere umano, potrebbe invece essere ripensata in positivo nell'immagine di un bambino che cammina a gattoni prima di imparare a camminare in posizione eretta. Rousseau avrebbe gradito, vista l'attenzione che dedica all'educazione dei fanciulli, in particolare nell'opera *"Emilio"* del 1762, opera di enorme portata pedagogica. Psicologicamente diremmo che Rousseau applica alla società civile una sorta di ristrutturazione con la quale, ripartendo dallo stato di natura, rimodula tutto il percorso educativo e formativo del genere umano. L'uomo nasce non solo buono per natura, ma anche libero. Tale libertà è assolutamente da preservare attraverso un'educazione il più possibile aderente ai principi dello stato di natura e lontana dalla corruzione degli uomini civilizzati. Emilio non è un uomo antisociale che vive estraniato dal contesto, tutt'altro. Emilio è un uomo civile, buono e giusto universalmente, distante dalla società maestra di ingiustizia e disuguaglianza ma capace di riconoscerla e affrontarne i pericoli. Per un tale processo di educazione occorrono maestri che seguano il fanciullo, dalla nascita fino ai vent'anni, in cui è protagonista la libertà (di movimento, di gioco, di esperienza), poche correzioni e, soprattutto, nessun rigore e nessuna punizione.

Il ritorno ad uno stato naturale è, quindi, una forma di progresso e non di regresso, in quanto permette all'uomo di raggiungere la felicità per se stesso e per gli altri.

Più semplicemente, significa riattivare il buonsenso che esiste innato nell'animo umano, anche se spesso latente e in disuso, per riaffermare quei pochi ma fondamentali principi naturali che possono guidare l'uomo in una condotta più giusta, più rispettosa dei suoi simili, in cui uguaglianza e libertà possano tornare a essere pilastri di una società civile più sana.

XII
FORTUNA O MERITO?

Osserviamo il mondo contemporaneo. Ogni essere umano nasce all'interno di una società "civilizzata", come direbbe Rousseau, dove le disuguaglianze sono, però, all'ordine del giorno. Non si tratta solo di differenze fra governi, nazioni e popoli, ma anche e soprattutto di differenze tra membri appartenenti alla stessa comunità. Basterebbe guardarci intorno, ad esempio, passeggiando per la nostra città, qualsiasi essa sia, per notare persone ricche e persone povere, persone con privilegi di ogni tipo e altre in coda ad aspettare il proprio turno per qualsiasi servizio abbiano bisogno, e così via molte altre differenze, alcune più evidenti, altre meno riconoscibili a prima vista solo perché lo schema sociale in cui abbiamo calato il nostro modo di vivere ci ha abituato a non riconoscerle nemmeno, a meno che la situazione non ci riguardi personalmente. Qualcuno potrebbe obiettare a tale osservazione affermando che le differenze sociali tra individui si creano in base al merito. Poniamo che sia così ed escludiamo dal nostro ragionamento tutte le distorsioni derivanti da pratiche illecite fingendo, quindi, di non sapere che tante posizioni vengono raggiunte attraverso espedienti quali raccomandazioni, favori, corruzione, etc.

Prendiamo, ad esempio, due ragazzi appassionati di diritto che intendono conseguire la laurea in giurisprudenza. Uno è figlio di un noto e stimato avvocato, vive in una famiglia benestante dove entrambi i genitori lavorano e può iscriversi alla migliore università di legge dedicandosi completamente allo studio. L'altro proviene da una famiglia più modesta, il padre operaio, la madre casalinga; essi non possono sostenere economicamente l'intera spesa universitaria. Il secondo ragazzo si iscrive così ad un'università meno rinomata di quella del primo ragazzo per pagare meno tasse ed è costretto, durante gli anni di studio, anche a lavorare per poter aiutare la famiglia nelle spese e conseguire il suo obiettivo di laurearsi.

Poniamo che i ragazzi abbiano parità di talento e che siano entrambi molto studiosi e capaci.

Il primo si dedica esclusivamente allo studio, si avvale della competenza del padre avvocato nel ripasso delle materie, supera gli esami brillantemente e si laurea con il massimo dei voti. Il secondo dedica il maggior tempo possibile allo studio coniugandolo con il lavoro, supera gli esami accettando anche qualche voto sotto media e si laurea con un risultato discreto.

Il primo studente è più bravo del secondo? Se i due decidessero di partecipare ad un concorso pubblico probabilmente il primo verrebbe considerato più bravo per via del voto più alto conseguito in sede di laurea e gli verrebbe quindi attribuito un maggior punteggio. Ma noi sappiamo che i ragazzi sono entrambi bravi e meritevoli e che ciò che ha differenziato i loro percorsi è la posizione di partenza. Non possiamo scegliere né il luogo, né il contesto sociale in cui nascere, ovviamente. Tutto è affidato al caso. Le differenze, riguardo all'esempio svolto, si acuiscono se pensiamo a due studenti, uno europeo e l'altro straniero di un paese in guerra o sotto dittatura dove le libertà fondamentali sono negate. I due ragazzi hanno le stesse possibilità? Credo che saremmo in larga parte d'accordo a rispondere che il primo ragazzo è stato più fortunato del secondo, in un certo momento storico, a nascere in un luogo del mondo in cui sono garantiti diritti e dove è più facile raggiungere i propri obiettivi. Saremo anche d'accordo nel dire che il secondo non è meno bravo del primo, solo che non è nelle condizioni di dimostrarlo.

Ecco che il merito riguarda, allora, solo una piccola parte del nostro percorso di vita e del nostro successo nel realizzare sogni e ambizioni. Il talento riveste certamente la sua importanza purchè le condizioni di partenza siano per tutti uguali. Dobbiamo considerare tutto ciò quando ci troviamo in una posizione di vantaggio rispetto ad un nostro simile. Dovremmo ricordarci che la posizione che occupiamo non è tutta per merito nostro. Le differenze non devono essere utilizzate per alimentare e far crescere le disuguaglianze e le discriminazioni; al contrario occorre tenere conto delle differenze per introdurre correttivi che permettano a tutti una partenza regolare, nella stessa posizione degli altri.

Partendo da queste riflessioni che ho cercato di semplificare al massimo, il filosofo John Rawls (Baltimora, 21 febbraio 1921 – Lexington, 24 novembre 2002), a cui ho dedicato un capitolo già nel volume dell'*Etica del Buonsenso*, ha elaborato due principi di giustizia connessi fra loro, spiegati nel celebre trattato *"Una teoria della giustizia"*, il cui corretto utilizzo può portare ad una società giusta ed equilibrata. Il primo principio, chiamato anche *"principio delle eguali libertà fondamentali"* consiste nel garantire il massimo schema di libertà individuali per ciascuno compatibilmente con lo stesso schema di libertà individuali per gli altri; il secondo principio, detto *"principio di differenza"*, sostiene che le ineguaglianze economiche e sociali, come quelle di ricchezza e di potere, sono giuste soltanto se producono benefici compensativi per ciascuno, in particolare per i membri meno avvantaggiati della società. Le riflessioni di Rawls nascono, in parte, anch'esse da una posizione critica verso il principio dell'utilitarismo enunciato da Jeremy Bentham e John Stuart Mill (incontrati nel volume sull'etica del buonsenso) ovvero *"la massima felicità per il maggior numero possibile"*. Se un governo e la società si devono occupare di raggiungere tale fine, Rawls si domanda se e in che modo ci si dovrà occupare di quella minoranza che non rientra nel *"maggior numero"*. Insomma, per Rawls, la "ricetta" utilitarista è causa di una disuguaglianza a cui occorre porre rimedio. I principi da egli elaborati servono proprio a questo. Le persone arrivano a scegliere di adottare i due principi di giustizia partendo da una posizione originaria ipotetica in cui non conoscono il loro posto nella società, cosiddetto *"velo di ignoranza"*.

> *"Tra le caratteristiche essenziali di questa situazione vi è il fatto che nessuno conosce il suo posto nella società, la sua posizione di classe o il suo status sociale, la parte che il caso gli assegna nella suddivisione delle doti naturali, la sua intelligenza, forza e simili. Assumerò anche che le parti contraenti non sappiano nulla delle proprie*

concezioni del bene e delle proprie particolari propensioni psicologiche. I principi di giustizia vengono scelti sotto un velo di ignoranza. Questo assicura che nella scelta dei principi nessuno viene avvantaggiato o svantaggiato dal caso naturale o dalla contingenza delle circostanze sociali. Poiché ognuno gode di un'identica condizione, e nessuno è in grado di proporre dei principi che favoriscano la sua particolare situazione, i principi di giustizia sono il risultato di un accordo o contrattazione equa".

La posizione originaria è, quindi, il corretto status quo iniziale e, di conseguenza, gli accordi che si stipulano in tale condizione sono equi. Da qui la definizione data da Rawls di *"giustizia come equità"*. La giustizia di Rawls non è da interpretare come "l'uguale per tutti" in senso matematico. In una scelta possono esserci delle differenze che però servono alla compensazione di una disuguaglianza. Prendiamo un esempio molto semplice per comprendere il senso del discorso. Supponiamo un genitore con due figli. Uno dei due figli è autonomo e percepisce uno stipendio sufficiente a soddisfare le sue esigenze quotidiane. L'altro figlio è disoccupato, vive col genitore ed è da tempo alla ricerca di un lavoro. Il genitore decide di spartire ai figli una piccola somma di denaro frutto di interessi relativi ad un vecchio conto bancario.

Se noi intendessimo l'equità come uguaglianza numerica dovremmo credere che sia giusto dividere in parti uguali tra i due figli la somma di denaro. Rawls, però, col secondo principio, ci spiega che è possibile tenere conto di alcune differenze per poter fare in modo di colmare le diseguaglianze tra chi è più avvantaggiato e chi meno. In questo senso sarebbe, quindi, legittimo dare una somma maggiore al figlio disoccupato affinchè la impieghi in un progetto lavorativo e possa così raggiungere il fratello nella conduzione di una vita autonoma. In un concetto di giustizia così esposto osserviamo come non sia sempre necessario occuparsi delle cause che hanno generato le differenze. Per Rawls, molte di esse sono dettate dal caso. Egli le chiama disuguaglianze immeritate. Tra esse trovano posto le disuguaglianze di nascita e le doti naturali. È, invece, fondamentale, occuparsi di riparare agli ostacoli che gli impediscono di raggiungere una posizione di uguaglianza nella società. Il concetto di riparazione è connesso all'applicazione del principio di differenza.

> *"Se si vogliono trattare egualmente tutte le persone, e si vuole assicurare a tutti un'effettiva eguaglianza di opportunità, la società deve prestare maggiore attenzione a coloro che sono nati con meno doti o in posizioni sociali meno favorevoli. L'idea è quella di riparare torti dovuti al caso, in direzione dell'eguaglianza".*

I due principi operano in alcune direzioni comuni ma non sono identici; si tratta di un accordo per considerare la distribuzione delle doti naturali un patrimonio comune e per suddividere i benefici derivanti dalla complementarità di questa distribuzione.

*"Coloro che sono stati favoriti dalla natura,
chiunque essi siano, possono trarre vantaggio
dalla loro buona sorte solo a patto che migliorino
la situazione di coloro che ne sono rimasti
esclusi"*.

Ognuno di noi, quindi, deve usare il proprio talento per
favorire i meno fortunati partendo dal presupposto che nessuno
merità una maggiore capacità né una migliore posizione di
partenza nella società. In conclusione, le doti naturali di
ognuno di noi non sono né ingiuste né giuste; è invece giusto o
ingiusto il modo con cui le istituzioni trattano tali differenze
all'interno della società.

XIII
IL SOTTILE CONFINE TRA
DIRITTO E TORTO

Abbiamo fin qui esposto alcune teorie sull'agire umano che partono dal presupposto che l'uomo abbia una naturale predisposizione al bene e che, quindi, sia in grado di operare secondo giustizia anche in assenza di leggi, comandi, divieti. L'uomo può vincere la tentazione dell'ingiustizia appellandosi al codice etico di base e al buonsenso come strumento di ricerca della migliore azione possibile. Abbiamo anche visto come l'uomo sia in grado di ribellarsi a ciò che non è giusto o di correggere distorsioni sociali che provocano negazione di libertà e disuguaglianze. Nel corso della trattazione non abbiamo sposato una dottrina in particolare ma, piuttosto, abbiamo colto e collegato fra loro gli elementi più interessanti di esse. In sostanza abbiamo svolto un lavoro di sintesi che ci ha restituito un metodo applicabile a tutto campo, a partire dal movente di un'azione fino all'analisi delle possibili conseguenze. La derivazione dell'agire umano da un codice etico di base è fortemente contestata dal filosofo tedesco Arthur Schopenhauer (Danzica, 22 febbraio 1788 – Francoforte sul Meno, 21 settembre 1860), il quale manifesta, senza mezzi termini, la sua opposizione alla teoria kantiana riguardo alla "morale come dovere" (*imperativo categorico*). Per Schopenhauer è innegabile che l'agire umano abbia una significatività in quanto l'uomo è dotato di una coscienza e di una consapevolezza morale.

> *"Ma in nessun modo questa consapevolezza morale assume la forma di un imperativo, di un comando, nei termini di «questo devi farlo e questo non devi farlo» [...] Di quest'ordine, di questa norma, non esiste traccia nella nostra coscienza".*

Il filosofo tedesco, nelle lezioni filosofiche della "*Metafisica dei Costumi*", parte dal presupposto che l'uomo è egoista per natura e che punta ad ottenere il maggior godimento e vantaggio possibile. L'egoismo, come abbiamo già visto incontrando Adam Smith, non è necessariamente in contrasto con la bontà dell'essere umano e la sua capacità di riconoscere il buono e il giusto. Per Smith l'egoismo è ampiamente mitigato dal sentimento di socialità dell'uomo. Per Schopenhauer, l'uomo egoista è più determinato nel cercare di fare i propri interessi ma la sua coscienza lo mette di fronte ad una sorta di rimorso quando i mezzi per l'ottenimento dei propri bisogni non sono eticamente corretti.

> *"Tuttavia, è un fatto innegabile che se abbiamo ottenuto un godimento o vantaggio a spese di altri, alla gioia per esso si mescola una marcata sofferenza [...]".*

Tale amara sofferenza di cui non possiamo subito rendere conto, perdura anche molto tempo dopo aver soddisfatto i propri bisogni. Allo stesso modo Schopenhauer riconosce altri due tipi di sensazioni in base alle azioni commesse. Quando procuriamo un vantaggio ad un'altra persona, ad esempio, sacrificando qualcosa di nostro, il sentimento di gioia che proviamo verso la soddisfazione altrui è molto più evidente rispetto al dolore per il nostro sacrificio. Quest'ultimo scompare col tempo ma permane la gioia per il vantaggio procurato all'altra persona. Infine, Schopenhauer riconosce la stima spontanea che proviamo verso coloro che rispettano, o addirittura favoriscono, i successi degli altri come se fossero i propri e, al contrario, il disprezzo che proviamo verso coloro che pensano solo ai propri interessi ignorando o calpestando l'esistenza e i diritti degli altri. Ma questo sentimento, sensazione o voce della coscienza che cos'altro è se non il buonsenso che ci fa capire che qualcosa non va nel nostro modo di agire? Schopenhauer usa termini diversi, parte da presupposti diversi ma giunge comunque ad ammettere che qualcosa di innato, a livello etico, nell'uomo esiste ed è un fatto innegabile ed evidente. Il concetto di giustizia, nella filosofia di Schopenhauer, deriva da quello di ingiustizia. Egli, in primis, si preoccupa di definire l'ingiustizia individuandone una classificazione. I gradi dell'ingiustizia sono: il cannibalismo, l'assassinio, le lesioni, il soggiogamento (o riduzione in schiavitù) e la proprietà. In quest'ultima classe rientrano tutte le fattispecie derivanti dai rapporti tra individui quali inadempimenti contrattuali e frodi. L'ingiustizia si esercita in due modi pressochè identici dal punto di vista etico:

la violenza e l'astuzia. Quest'ultima si manifesta in particolare con la menzogna.

> *"La menzogna più formale è l'accordo non rispettato [...] Ogni menzogna è ingiustizia come qualsiasi altro atto di violenza; l'accordo non rispettato è però la menzogna più compiuta, più regolare e più esplicita: è una solenne menzogna".*

La giustizia, per Schopenhauer, è una virtù negativa che consiste nel rispondere alle ingiustizie. Non esisterebbe giustizia se non ci fosse prima l'ingiustizia. L'uomo ha il compito di frenare il suo egoismo quando, per causa di esso, rischia di commettere un'azione che danneggi gli altri. La giustizia consiste, quindi, nel non far *"patire"* ingiustizie ad altri individui. Il concetto di diritto nasce, per il filosofo tedesco, come negazione dell'ingiustizia. Il primo caso pratico in cui ha origine il diritto è quando un individuo tenta di respingere con violenza un'ingiustizia proveniente da un altro. Ogni atto di violenza in sé è ingiustizia ma la reazione è giustificata dal motivo ed è diventata diritto.

> *"Se qualcuno mi costringe, puntandomi una pistola, a emettergli una cambiale, allora, potendolo fare, avrei pieno diritto a compilarla con un inchiostro che rapidamente svanisce senza lasciare traccia".*

È per via di tale conflitto, dove tra i torti occorre stabilire quali siano legittimi, che nasce il diritto di cui si occupa uno Stato.

L'etica risponde alla domanda *"Cosa deve fare un uomo per essere giusto?"*, mentre lo Stato risponde alla domanda *"Come deve comportarsi un uomo se non vuole patire ingiustizia?"*. L'uomo, comprendendo che il godimento di commettere ingiustizia è superato dalla maggiore sofferenza che prova un altro individuo nel patirla, affida alla ragione l'ideazione di un sistema che possa far rinunciare a tutti il godimento provato nel commettere ingiustizia. Tale metodo, ideato dall'egoismo, è la legge, un sacrificio comune per un vantaggio collettivo. Il diritto si occupa, quindi, di tracciare i limiti e definire le fattispecie in cui un'azione potenzialmente ingiusta sia legittimata in quanto tesa a evitare che gli uomini patiscano ingiustizia. La posizione da cui opera il diritto è, per Schopenhauer, passiva e parte dal rovesciamento della morale.

> *"Un debitore e un creditore litigano perché il primo nega l'esistenza del debito. Sono presenti un giurista e un moralista. Il giurista dirà «Io voglio che quest'uomo riottenga il suo». Il moralista invece dirà «Io voglio che quell'uomo faccia ciò che è giusto».*

Da ciò si deduce che il giurista non è altro che un moralista al rovescio.

> *"Il giurista e il moralista si occupano dello stesso tema, l'agire degli uomini in contrapposizione tra loro, partendo, però, da un opposto punto di vista: il moralista muove dall'azione, dalla parte attiva;*

Lo Stato si occupa, quindi, di neutralizzare le conseguenze dannose derivanti dai molteplici conflitti che gli uomini egoisti instaurano tra di loro.

La dottrina sulla giustizia di Schopenhauer, sebbene sia stata qui riassunta in maniera molto semplificata, ci permette di spostare la riflessione sulla giustizia dal livello etico e generale al livello giuridico introducendo il concetto di conflitto. Il conflitto o la controversia nascono per via della presunzione di due o più soggetti di aver patito un'ingiustizia reciproca. Ogni parte crede di aver agito in "diritto" nei confronti dell'altra. Ma, come ci insegna la realtà quotidiana nelle aule di tribunale, è difficile risolvere il sottile confine tra diritto e torto.

XIV
IL GRADO DI CIVILTÀ

Indipendentemente se la spiegazione data da Schopenhauer circa l'origine del diritto come risposta ad un'ingiustizia patita sia condivisibile o meno, possiamo comunque affermare che l'organizzazione giuridica e giudiziaria è stata creata dall'uomo al fine di organizzare la vita sociale in forma civile. I principi etici espressi finora sono fonte ispiratrice di numerosi ordinamenti giuridici. Molti principi vengono infatti assorbiti nelle specifiche legislazioni. In base alla forma di Stato e di Governo dei singoli Paesi e alla virtù degli uomini preposti alla legislazione, gli ordinamenti giuridici si presentano molto differenti tra loro, caratterizzati da elementi non sempre conformi ad uno Stato che abbia come scopo la felicità dei cittadini. Il filosofo e giurista Cesare Beccaria (Milano, 15 marzo 1738 – Milano, 28 novembre 1794), nell'introduzione del suo celebre trattato *"Dei delitti e delle pene"* (1764), imputa la nascita di molte cattive leggi all'egoismo e alle passioni di pochi individui. Le leggi, invece, devono essere il frutto di accordi tra uomini liberi che abbiano a cuore *"la massima felicità divisa nel maggior numero"*. Il concetto del *"maggior numero"* anticipa quello che diventerà il cavallo di battaglia dell'utilitarismo inglese tanto che Jeremy Bentham, padre dell'utilitarismo (come ricordato più volte), affermerà di sentire un debito di riconoscenza verso Cesare Beccaria. Il divario tra Paesi con buone legislazioni da quelli con cattive legislazioni è dato dal fatto che i primi hanno lavorato nel senso di un *"avviamento al bene"* producendo gradualmente buone leggi e senza, quindi, aspettare l'avverarsi di un male estremo. I secondi hanno, invece, atteso un punto di non ritorno per poter avviare una ragionata attività legislativa incentrata sul concetto di felicità e benessere. Infatti, afferma Beccaria, sono pochissime le nazioni che possono dirsi felici. Ma non basta dotarsi di un sistema giuridico per rendere civile un popolo. Voltaire affermava: *"Non fatemi vedere i vostri palazzi ma le vostre carceri, poiché è da esse che si misura il grado di civiltà di una Nazione"*. Un sistema giuridico basato sulla sanzione e sulla pena in caso di mancato rispetto delle leggi deve saper dimostrare comunque il rispetto per la dignità umana attraverso il mantenimento dei diritti umani e civili. Ma, il problema delle condizioni di vita dei detenuti, per quanto gravissimo, è solo uno dei tanti aspetti che riguardano la macchina giudiziaria. Potremmo, quindi, affermare, estendendo il pensiero di Voltaire, che il grado di civiltà di una nazione si misura con la qualità del sistema giuridico e giudiziario, il quale deve essere etico. Ad un sistema di buone leggi deve essere abbinato un giusto processo per stabilire, senza alcun ragionevole dubbio, se c'è stata violazione e da parte di chi. Infine, la pena (e l'eventuale detenzione) deve avere precise caratteristiche di giustizia, misura ed equità, altrimenti, come scrive Beccaria, è abuso.

Per citare ancora Voltaire:

"È meglio rischiare di salvare un colpevole, che condannare un innocente".

Beccaria, esasperato dalla violenza del suo tempo, ha ritratto quello che dovrebbe essere un buon esempio di sistema penale, il cui modello è fonte di ispirazione ancora oggi per tanti sistemi giuridici. Innanzitutto, va ricordato che gli uomini concedono allo Stato un pezzetto della propria libertà per far sì che le condizioni di vita e il benessere collettivo ne traggano vantaggio. Non sarebbe giustificabile, in quest'ottica, l'azione di uno Stato tiranno che, in nome del diritto, soffoca, tortura e uccide il proprio popolo. Beccaria è apertamente schierato contro la pena di morte ma la giustizia che egli immagina e auspica è caratterizzata da numerosi altri fattori. Ad esempio, le confessioni non vanno mai estorte con la forza e con la minaccia per rimediare in questo modo all'insufficienza di prove; la pena deve essere proporzionata alla gravità del reato commesso e non sono ammessi privilegi o sentenze immotivate o dettate da un'interpretazione troppo arbitraria delle leggi; terzietà e imparzialità del Giudice; semplicità del processo; chiarezza delle leggi e certezza del diritto. Per Beccaria il diritto deve essere dolce, non deve colpire con la violenza della pena ma, piuttosto, con una pena mite, misurata ma, al tempo stesso, certa e che possa assolvere al meglio la sua funzione di prevenzione e sicurezza sociale. La pena di morte va sostituita con una pena che faccia pagare al reo il suo debito verso la società a causa del reato di cui si è macchiato. Nel diritto penale chi subisce il reato (le vittime dirette e la società) non deve ambire alla vendetta ma alla giustizia, confidando nell'etica e nella ragionevolezza con cui tutti gli attori del processo esercitano il loro ruolo: giudici, magistrati, avvocati, consulenti e periti. Così si è espresso sulla confondibilità tra giustizia e vendetta Federico Stella (1935-2006) nel suo celebre saggio "*La Giustizia e le Ingiustizie*":

> *"Mi capita spesso di sentire alla televisione o di leggere sui giornali la frase abitualmente pronunciata dai familiari delle vittime del male e dell'ingiustizia: «non voglio vendetta, ma giustizia». Cercando di capire il significato di questo singolare appello alla giustizia, mi sembra di poter dire che esso o nasconde la verità, nel senso che l'appellante in realtà vuole la vendetta, oppure esprime il bisogno di una visione di salvezza indefinibile e mai raggiungibile".*

Nonostante i tanti anni passati dalle intuizioni di Beccaria, quindi, ogni giorno sentiamo parlare, anche nel nostro ordinamento, di problemi legati alla cosiddetta "malagiustizia" e troppo spesso, ancora oggi, la cultura giuridica degli uomini è pervasa dal fatto che giustizia e vendetta coincidano. Basti pensare a quante volte sentiamo lamentele sulla presunta insufficienza della pena: "pena ridicola", "troppi pochi anni di carcere", "occorrono pene esemplari e severe", etc.

XV

LA LEGGE È (DIS)UGUALE PER TUTTI

Abbiamo sostenuto fin qui con forza la bontà dell'essere umano e la sua capacità innata di distinguere ciò che giusto da ciò che è sbagliato, ciò che è buono da ciò che è cattivo. Abbiamo visto che il codice etico naturale dell'uomo viene messo a dura prova nell'esperienza della vita fino al rischio, per molti frequente, di perderlo di vista e non riuscire più ad utilizzarlo. Infine, abbiamo appreso che il diritto, inteso come sistema di norme giuridiche, entra nella vita degli uomini, e per volontà degli stessi uomini, al fine di porre rimedio all'esercizio dell'ingiustizia nei confronti dei propri simili e della collettività. La cosa peggiore, quindi, che può capitare ad un sistema giuridico è quella di produrre altra ingiustizia. I principi etici e, in particolare, il buonsenso, devono essere sì ispiratori della condotta di ogni essere umano ma, soprattutto, devono essere il cardine delle scelte e delle azioni di coloro che sono chiamati a decidere in campo giuridico e giudiziario. Giudici, magistrati, avvocati, sono pertanto i primi a dover tenere conto della giustizia del buonsenso, intesa come giustizia non afflittiva, non punitiva, non superficiale e iniqua, ma etica, scrupolosa, equa, rieducativa e riparatrice. Certo, è complicato lavorare in questo senso se il livello di cultura giuridica ancorato nella società civile è quello della giustizia come arma di vendetta, sia che stiamo parlando di penale sia di civile. Occorrerebbe ripartire dalla fiducia reciproca riaffermando il principio che la legge è uguale per tutti e che tutti gli uomini sono uguali di fronte alla legge. Il problema è che, nella realtà, non è sempre così. L'accesso alla giustizia è spesso diseguale per molti cittadini in base a molteplici fattori. Ad esempio, in base al reddito, al fatto che ci si possa o meno permettere un bravo avvocato, alla fortuna di non incappare in errori giudiziari, al foro di competenza e ai relativi tempi di smaltimento delle cause pendenti, e così via. Personalmente posso testimoniare di numerose persone che hanno rinunciato a fare appello dopo una sentenza di primo grado per mancanza di denaro o, addirittura, per sfiducia verso la macchina giudiziaria. Insomma, è come dire che, a volte, conviene rassegnarsi ad avere torto (quando non lo si ha) piuttosto che insistere ad avere ragione (quando la si ha). Il senso di ingiustizia, quindi, già presente per la controversia in atto, viene ulteriormente amplificato dall'incapacità dell'organo preposto di fare giustizia. Ma, allora, in che modo è necessario soddisfare la domanda di giustizia? Ancora una volta ci viene in soccorso Aristotele con un passaggio estratto dall'"*Etica Nicomachea*" in cui il filosofo greco ci parla della giustizia correttiva, ovvero quel tipo di giustizia che rimette al centro del giudizio l'uguaglianza, ripristinandola.

"Il giusto che si dà nelle relazioni sociali è sì una
forma di uguaglianza, e l'ingiusto una forma di
disuguaglianza, ma non secondo la proporzione

prima citata (geometrica), bensì secondo quella matematica. Infatti, non fa alcuna differenza se sia stato un uomo per bene a derubare un uomo dappoco, o sia stato un uomo dappoco a derubare un uomo per bene, né, se a commettere adulterio sia stato l'uomo per bene o quello dappoco: la legge guarda solo la differenza prodotta dal danno, e tratta le due parti come uguali. La legge considera se il primo ha fatto ingiuria e il secondo l'ha subita, e se il primo ha danneggiato e l'altro ha subìto il danno. Pertanto, il giudice si sforza di riportare all'uguale questo tipo di ingiusto, che consiste in una disuguaglianza: quando uno abbia percosso e l'altro le abbia prese, o uno abbia ucciso e l'altro sia morto, l'agire e il subire vengono divisi in porzioni disuguali; invece il giudice si sforza di pareggiare il guadagno alla perdita, togliendo a chi ha guadagnato".

Aristotele ammette che il termine guadagno e quello di perdita servono per spiegare il concetto in generale ma che non sono del tutto appropriati. Siccome l'uguale è l'intermedio tra il più e il meno, il maggior bene e il minor male rappresentano il guadagno, mentre il contrario è la perdita.

"L'uguale è l'intermedio tra questi ed è ciò che noi chiamiamo giusto".

L'intermedio rappresenta, quindi, la decisione corretta, giusta, che ripristina l'uguaglianza. Il garante dell'uguaglianza è il giudice, figura di cui i cittadini si devono poter fidare. Aristotele lo chiama "mediatore" in quanto portatore del "giusto".

> *"Quando vi è disaccordo la gente ricorre al giudice: ricorrere al giudice è come ricorrere al giusto, e il giudice intende essere come un giusto personificato; la gente cerca un giudice imparziale, e alcuni popoli chiamano i giudici «mediatori», volendo dire che se colgono l'intermedio, coglieranno il giusto. Quindi il giusto è intermedio perché lo è anche il giudice".*

Il giudice nel decidere ciò che è giusto deve rimuovere qualsiasi ostacolo che possa essere eventualmente di impedimento nel suo ruolo di intermedio. Deve innanzitutto essere neutrale, imparziale e sereno. Deve ascoltare le posizioni, leggere le carte, verificare la veridicità delle testimonianze, interpretare e applicare la legge nel senso del miglior risultato per tutti. Nulla, nella sua azione, deve sembrare o risultare superficiale, approssimativo o in qualche modo influenzato dall'esterno o dal rapporto di forza eventualmente diseguale delle parti. Insomma, egli, soprattutto se si tratta di primo o secondo grado, deve assumere una decisione immaginando che essa sia definitiva.

XVI
TI FACCIO CAUSA, ANZI NO

Il difetto di cultura giuridica nell'opinione pubblica non riguarda solo il sistema penale ma, forse soprattutto, la sfera civilistica. Il conflitto è dietro l'angolo nella nostra quotidianità; può avvenire con un collega di lavoro, in famiglia, con un superiore, col vicino di casa. I conflitti nascono spesso per un problema di comunicazione oppure di comprensione. Il "detto o non detto", "fatto o non fatto", genera incomprensioni e cova la rabbia in chi si sente vittima di un trattamento ingiusto o sfavorevole. È innegabile che nella maggior parte delle liti entra in gioco il proprio modo di vedere le cose influenzato dalla propria educazione e cultura. Entra quindi in gioco, oltre alla propria visione giuridica della questione, la propria visione morale. Un conflitto non chiarito sul nascere è l'anticamera di una escalation di violenza che dalla forma verbale può mutare, nei casi più estremi, in qualcosa di più grave. Se non si esplicita nella violenza esteriore, il conflitto viene rimuginato all'interno di chi avverte di subire ingiustizia provocando un'enorme sofferenza fisica e psicologica. La cultura del binomio *io ho ragione e tu hai torto* è estremamente diffusa nella società e si esplicita nell'estremo avvertimento di una parte verso l'altra: *"ti faccio causa"*. Il "mezzo" per passare dalle parole ai fatti è l'avvocato, figura professionale cardine del rapporto tra società e organi giudiziari. Chi è l'avvocato? Il termine deriva dal latino "ad vocatum" che significa "chiamato a me". Viene infatti chiamato da una parte o per consulenza o per difendersi in una specifica controversia. Nel 204 a.C. la *"Lex Cincia de donis et muneribus"*, voluta dal tribuno della plebe M. Cincio Alimento, si occupò di regolamentare le donazioni e, tralaltro, stabilì che gli avvocati non potessero ricevere doni prima delle cause. Così scrive Tacito negli *"Annali"*:

> *"Nessuno accetti, per sostenere una causa, un dono o del denaro"*.

Successivamente venne introdotta anche una sanzione per gli avvocati trasgressori della legge. La "ratio" della Lex Cincia era quella di rendere l'accesso alla giustizia agevole anche ai ceti più poveri, evitando il più possibile forme di disuguaglianza e discriminazioni. Il ruolo dell'avvocato nell'antica Roma aveva, quindi, una precisa funzione sociale e per questo non veniva retribuito. Solo ai tempi dell'imperatore Claudio fu concesso agli avvocati di essere retribuiti con un massimo di diecimila sesterzi. L'avvocato non poteva percepire una somma maggiore; se superava tale soglia l'avvocato rischiava di venire condannato per concussione. Infine, Traiano fece poi specificare nel testo normativo che il compenso agli avvocati era dovuto solo a causa terminata. Oggi gli avvocati vengono pagati a parcella e, nel corso della storia, hanno vissuto anche "tempi d'oro" dal punto di vista economico. L'avvocato rimane il primo presidio di giustizia a cui il comune cittadino si rivolge quando si ritiene danneggiato nei suoi diritti.

La funzione sociale dell'avvocato è, pertanto, ancora oggi fondamentale. Egli deve, infatti, essere in grado di assistere con la massima diligenza e fedeltà il suo cliente e saperlo consigliare sulle strategie da adottare. È il garante del diritto di difesa che consente ad ogni persona di ottenere un giusto processo. Deve saper valutare se una controversia è opportuno che venga portata innanzi ad un giudice o se è possibile risolverla in via stragiudiziale attraverso una mediazione o negoziazione con la controparte. Per fare bene tutto questo, l'avvocato, come ricordava Socrate nel *"Gorgia"* in merito al fine dei mestieri, non deve mettere il proprio bisogno e interesse economico innanzi al benessere del proprio assistito. Non assistere adeguatamente un cliente per motivi economici, rinunciare all'incarico in corso di controversia o rifiutarsi di difendere una persona in difficoltà economiche, equivale, da un punto di vista etico, ad un'omissione di soccorso. Anche l'avvocato, volente o nolente, deve essere protagonista della riduzione delle diseguaglianze dei cittadini nell'accesso alla giustizia e deve ridurre al massimo i casi in cui "abbandona" il proprio assistito.

L'avvocato deve anche essere protagonista di una rivoluzione culturale aiutando a far comprendere al cittadino che la via giudiziaria non è sempre la più adeguata al caso concreto. Per questo è necessario favorire la crescita della giustizia consensuale rispetto alla troppo abusata giustizia processuale. Persiste, però, nella società l'immagine dell'avvocato come personaggio delle arringhe e dei lunghi discorsi in cui emerge l'abile uso della parola. Ampia letteratura e la storia ci hanno abituati a vedere in questo modo la figura dell'avvocato. Protagora nell'antica Grecia e Cicerone nell'epoca romana, ad esempio, sono diventati celebri per la struttura e capacità persuasiva dei loro discorsi. Platone, sempre attraverso Socrate nel dialogo del "*Protagora*", ci descrive in modo critico Protagora come un sedicente sapiente e educatore di professione che si fa pagare per insegnare l'arte dell'eloquenza, necessaria, secondo lui, per vincere le dispute in politica e nelle aule di tribunale.

> *"Quanto all'oggetto del mio insegnamento, consiste nel sapersi comportare saggiamente sia nelle questioni private, come governare la propria casa nel modo migliore, sia in quelle pubbliche, diventando abilissimo nel discutere e trattare gli affari della città".*

Per Platone il sofista Protagora non è in grado di insegnare ai giovani la virtù in quanto persona abituata a ottenere ragione attraverso lunghi discorsi che, grazie all'abile uso dell'oratoria, riescono a rendere credibile una tesi e il contrario della stessa. La filosofia di Protagora (Abdera, 486 a.C. – mar Ionio, 411 a.C.) è centrata, infatti, sul relativismo, sia conoscitivo che etico. Secondo il sofista non è possibile avere una conoscenza certa e completa sulle cose e, pertanto, l'opinione che noi ci formiamo su di esse è necessariamente influenzata dalle credenze e correnti culturali del tempo. Su ogni cosa, quindi, è necessario discutere mettendo a confronto le varie tesi e scegliere quella di maggiore utilità collettiva. A orientare la scelta è l'eloquenza, ovvero la capacità di pronunciare discorsi accattivanti, persuasivi e, al tempo stesso, credibili.

Protagora tratta queste argomentazioni nelle sue due opere *"Sulla verità. Discorsi demolitori"* e *"Antilogie"*. In quest'ultima, in particolare, viene esposta la teoria che su qualsiasi argomento è possibile sostenere tesi in contraddizione tra loro e che non esistono valori o norme assolute ma, appunto, relative.

La tecnica di Protagora è, quindi, quella del contraddittorio, tipica dei processi giudiziari. Protagora, infatti, può essere avvocato di parte o di controparte e, in base a questo, costruire sulla medesima causa la sua verità che dovrà risultare almeno altrettanto credibile a quella dell'avversario. È nel contesto agonistico, dunque, che si rivela la forza della parola capace, grazie all'abilità di chi la utilizza, di dare credibilità ad argomenti contrapposti indipendentemente dalla loro veridicità.

La disputa, soprattutto quella che si celebra nelle aule di giustizia, contrappone così più rivendicazioni di ragione sullo stesso fatto.

L'avvocato correda la propria tesi di ogni elemento utile a orientare il giudice dalla propria parte, lo fa con l'arte della parola, scritta o parlata, a costo di confondere le acque, allontanarsi dalla verità e portare alla cosiddetta *"aporia"*, ovvero una "non soluzione".

A questo proposito il giurista romano Aulo Gellio (Roma, 125 circa – 180 circa) cita nella sua opera *"Noctes Atticae"* il celebre *"Paradosso di Protagora"*, più noto come *"Paradosso dell'Avvocato"*. Vediamo di cosa si tratta.

Protagora era il maestro di legge di Evatlo, giovane promessa nel campo del diritto come avvocato. I due si accordarono sul compenso per le lezioni tenute da Protagora stabilendo che Evatlo dovesse pagarne solo la metà. La rimanente parte l'avrebbe pagata al maestro nel momento in cui avrebbe vinto la sua prima causa. Conclusi gli studi, però, Evatlo si avviò alla carriera politica e non divenne mai avvocato. Protagora, dal canto suo, esigeva da Evatlo il pagamento della seconda parte delle lezioni sostenute. Protagora fece causa a Evatlo per ottenere il credito. Il giovane decise di difendersi da solo, divenendo perciò avvocato di sé stesso. Ecco la situazione, paradossale, che si creò. Secondo Protagora, se Evatlo avesse vinto, avrebbe dovuto pagarlo in base all'accordo, perché avrebbe vinto la sua prima causa; se Evatlo avesse perso, avrebbe dovuto pagarlo comunque per effetto della sentenza.

Secondo Evatlo, invece, se Evatlo avesse vinto, non avrebbe dovuto pagare Protagora per effetto della sentenza; se Evatlo avesse perso, non avrebbe dovuto pagare Protagora perché in base all'accordo non aveva vinto la sua prima causa. Che fare?

Tornando al nostro discorso e ai tempi odierni, l'indeterminatezza di alcune dispute genera di frequente la mancanza di una adeguata risposta, in tribunale, alla propria domanda di giustizia. Per evitare l'*aporia* giudiziaria, l'avvocato dovrebbe sempre più apprendere ed esercitare le tecniche di mediazione e negoziazione per evitare al proprio assistito lunghi e costosi processi dall'esito incerto e spesso non soddisfacente nemmeno per chi vince. Se i punti di vista contengono elementi di ragionevolezza da ambo le parti, il giocarsi la vittoria con l'esercizio dell'eloquenza diventa un azzardo non sempre in linea con gli effettivi bisogni e con il benessere del proprio assistito. Inoltre, la mediazione consente il confronto diretto tra le parti, le quali, se ben guidate con le opportune tecniche (e anche qui contano moltissimo il linguaggio e la parola), possono superare il muro della rabbia e la tentazione della vendetta, facendo emergere i motivi sottesi al pretesto giuridico, spesso di natura personale e morale, e i propri bisogni. La differenza è questa: l'avvocato nel processo punta alla vittoria del proprio assistito, l'avvocato fuori dal processo punta a individuare e soddisfare i reali bisogni del proprio assistito collaborando e dialogando con la parte opposta.

XVII
L'ORA DELLA VERITÀ

La questione della verità è assai delicata. Il fine degli operatori giudiziari deve essere quello di ricercare la verità. Gli errori giudiziari sono purtroppo sotto gli occhi di tutti. Troppo spesso si registrano casi di persone che hanno subìto anni di detenzione per ingiuste condanne e che vengono poi dichiarati innocenti (pensiamo a quanti detenuti innocenti sono privati della loro libertà e che magari non riusciranno mai a dimostrare di essere vittime di errori giudiziari), casi di interpretazione e applicazione errata o quantomeno creativa delle norme giuridiche, casi di corruzione di organi giudiziari, casi di infedeltà degli avvocati verso i propri assistiti, casi di falsa testimonianza. Dicevamo come la verità processuale possa talvolta risultare diversa da quella reale. Purtroppo è vero ma l'ingiustizia non può essere perpetrata da chi la giustizia la deve garantire ed esercitare.

Il primo storico processo "ingiusto", di cui ci è stata fornita testimonianza, è stato quello nei confronti di Socrate. Egli fu accusato da Meleto, di corrompere i giovani; di non riconoscere gli dèi della città e di introdurne di nuovi. Meleto fa uso di un'abile arte oratoria, a tal punto da rendere fortemente persuasive le innumerevoli menzogne sul conto di Socrate contenute nell'atto di accusa. Lo stesso Socrate ne appare meravigliato.

> *"Non so, o Ateniesi, che impressione vi sia rimasta dei miei accusatori; io, davvero, mi sono quasi dimenticato di me stesso, da quanto parlavano persuasivamente. Eppure, non hanno detto quasi niente di vero".*

La forza delle bugie è pericolosa e può compromettere la ricerca della verità. Un giudice deve avere la capacità di scovarle, un avvocato la correttezza di non usarne. Meleto, il portatore legale dell'accusa, si fa accompagnare davanti ai giudici da due falsi testimoni, Anito e Licone, al fine di rendere ancor più convincente l'accusa. La falsa testimonianza, argomento portante del *"nono comandamento"*, è ancora oggi uno dei mali peggiori a ostacolo della ricerca della verità, non solo nelle nostre relazioni quotidiane, ma anche nelle aule giudiziarie. È proprio in tribunale che la falsa testimonianza assume la forma più grave di menzogna, costituendo reato. L'espressione più grave della falsa testimonianza si verifica quando un testimone, nonostante il giuramento iniziale di dire la verità, dichiara il falso in relazione ad un fatto sapendo di mentire, con lo scopo di danneggiare una parte nel processo. Tale comportamento, dicevamo, costituisce un reato quando viene scoperto, ma se considerato erroneamente attendibile, potrebbe indurre il giudice ad una sentenza ingiusta e, in caso estremo, alla condanna ingiusta dell'imputato. Possono comunque risultare false, nel senso di non vere nei fatti raccontati o non attendibili, testimonianze in buona fede rilasciate da soggetti del tutto convinti di riportare informazioni fedeli alla propria memoria. La responsabilità degli operatori giudiziari nell'esaminare scrupolosamente la buona fede dei testimoni e la verità contenuta nelle loro dichiarazioni, è altissima. L'avvocato deve esimersi dal presentare in aula falsi testimoni spinto da utilitarismo personale (vincere la causa con ogni mezzo). Il giudice deve porre tutte le domande necessarie, qualora non siano sufficienti le domande di controparte, per valutare senza alcun dubbio l'attendibilità o meno del testimone.

Il processo in cui fu protagonista Socrate si svolse nel 399 a.C. ed era privo delle garanzie che oggi conosciamo. Per questo l'opinione pubblica, il sentimento e la persuasione giocavano un ruolo importante al di là delle prove. La giuria era composta da cinquecentouno cittadini ateniesi e il filosofo decise di difendersi da solo. Egli non portò in tribunale alcun testimone o parente al fine di commuovere i giudici. Aveva capito che le accuse che gli venivano mosse avevano origine antica, dettate da antipatia e invidia. Socrate, nonostante un'intensa difesa basata solo sulla verità, fu condannato a morire bevendo la cicuta, un potente veleno. La condanna a morte del filosofo fu decisa per soli trenta voti di maggioranza.

"È giunto ormai il tempo di andare, o giudici, io per morire, voi per continuare a vivere. Chi di noi vada verso una sorte migliore, è oscuro a tutti, tranne che al Dio".

I suoi discepoli proposero a Socrate un piano per fuggire e sottrarsi alla morte ma egli rifiutò. Celebre il suo rifiuto raccontato da Platone nel dialogo del *"Critone"*.

"E' meglio subire un'ingiustizia che commetterla".

Il sapiente filosofo accetta, quindi, l'esito della sentenza, seppur ingiusta, ritenendo doveroso il rispetto delle leggi. L'errore nell'applicazione delle leggi è frutto del comportamento degli uomini e non delle leggi in sé, le quali se ingiuste si possono cambiare grazie al dialogo con tutti gli uomini.

"Ora dunque tu te ne andrai all'Ade ingiustamente condannato non da noi Leggi, ma dagli uomini".

Il processo a Socrate è uno dei più celebri errori giudiziari dell'antichità ma altre, note e meno note ne seguiranno. Abbiamo accennato nel precedente volume anche al processo sommario che subì Gesù di Nazareth, condannato a morte per volere della folla urlante ma risultato innocente alle autorità giudicanti. Il prefetto romano Ponzio Pilato, nel temere disordini, si lavò le mani autoassolvendosi per l'ingiusta condanna che si era sentito costretto a emanare.

Oggi, come dicevamo, non siamo esenti da situazioni di ingiustizia nella macchina giudiziaria nemmeno negli ordinamenti giuridici cosiddetti avanzati. Recentemente, un avvenimento che riguarda un caso giudiziario penale, tra quelli definiti "celebri" per via del clamore mediatico suscitato, mi ha indotto ad alcune domande e riflessioni. Non dirò di quale caso si tratta perché ciò non importa ai fini della trattazione, non conoscendo il merito delle vicende e non possedendo alcun elemento per giudicare l'azione o il comportamento delle parti. La vicenda mi serve, come dicevo, per una riflessione generale nel solco dell'idea di giustizia espressa da Socrate nel processo che lo vide coinvolto. A grandi linee il caso è questo. Una ragazza viene assassinata e per il suo assassinio viene incriminato il fidanzato. Dopo anni di processi, egli viene condannato in via definitiva per aver commesso l'omicidio. Dopo la condanna confermata dalla Cassazione e, quindi, divenuta definitiva, gli avvocati del giudicato colpevole non si arrendono e tentano di riaprire il caso. In che modo? Producendo una nuova perizia riguardante l'analisi di vari elementi raccolti all'epoca dell'omicidio sul luogo dove esso è avvenuto. Da questa perizia, comunque di parte, sarebbe emerso che, su un elemento correlato alla scena del crimine, era presente una labile traccia di un dna estraneo al reo e riconducibile ad un'altra persona conoscente della famiglia della vittima. Il tentativo di riaprire il caso ebbe un certo rilievo mediatico e il nome e cognome di questa persona vennero resi noti sui giornali. La richiesta fu rigettata in quanto la posizione del nuovo soggetto era in realtà già stata ampiamente analizzata in sede di indagini e archiviata come estranea ai fatti. Ora, il tentativo di riaprire il caso tentando di gettare ombre su un soggetto ritenuto, senza ragionevole dubbio, estraneo e innocente, mi ha indotto a pormi la seguente domanda: fino a che limite si può spingere un avvocato nell'esercitare la difesa del proprio assistito? Può rischiare di far subire un processo a un innocente col rischio che venga condannato al posto del colpevole? La cautela nel rispondere è d'obbligo. Abbiamo affermato che la macchina giudiziaria non è infallibile e non possiamo escludere, senza mancare di rispetto al valore della sentenza, quel minimo di possibilità, seppur remota e clamorosa, che un domani venga alla luce un errore giudiziario che rimetta in discussione tutto il caso. Ma prima di assumere un'iniziativa che punta a coinvolgere altri soggetti credo che sia necessaria una scrupolosa analisi etica, oltre che tecnica, sugli elementi in proprio possesso, i quali devono avere una validità e veridicità. Un professionista della giustizia non può rischiare di commettere ingiustizia, anche quando ritiene ingiusta una sentenza. I limiti della difesa risiedono, quindi, nella stessa idea di giustizia che aveva Socrate: cercare di ottenere giustizia dicendo la verità, senza aggiungere altra ingiustizia.

XVIII
PER UNA GIUSTIZIA DEL BUONSENSO

Siamo arrivati alla fine di questo breve viaggio alla scoperta del significato di giustizia e di come dovremmo praticarla. Nel tentare di fare il punto su alcuni principi cardine toccati finora, sia nel volume dell'etica che in questo, ritengo utile proporre un breve saggio che ho scritto per introdurre il volume *"Giusto processo e depenalizzazioni"*, pubblicato nel 2016, appena terminata la stesura della prima edizione di *"Etica del Buonsenso"*. Nel saggio che segue, dal titolo proprio *"La giustizia del buonsenso"*, anticipavo la visione che ha poi prodotto le pagine che avete appena finito di leggere. Credo si tratti, per il presente volume, di un'esaustiva e degna conclusione, una sorta di breve manifesto culturale per poter ambire ad una giustizia sempre più giusta, sul piano etico e pratico.

Nelle parole che seguono, troverete anche alcuni riferimenti al concetto di *"giusto processo"* e, soprattutto, un utile cenno alla *"giustizia riparativa"*, un modello finora utilizzato in particolare sui minori che commettono reati, ma che potrebbe in futuro, estendendosi a tutto l'ambito giudiziario, cambiare radicalmente il modo di intendere e fare giustizia, in favore di una vera giustizia del buonsenso.

Grazie a tutti voi per l'attenzione che avete dedicato alle mie parole e riflessioni.

"È meglio subire un'ingiustizia che commetterla". In questo principio Socrate[24] includeva due elementi fondamentali per una vita giusta: la ricerca della virtù attraverso la conduzione di una esistenza sana e onesta che tenda al bene comune come obiettivo finale e la piena fiducia, oltre che il massimo rispetto, verso le leggi e le istituzioni della democrazia.

Difendendo questi principi Socrate rifiutò la possibilità di fuga, messa a punto da alcuni suoi discepoli in seguito ad una delle sentenze più ingiuste della storia, quella che condannò il filosofo greco alla morte.

Socrate rimase lì a difendersi fino alla fine, accettando qualsiasi esito, anche il più ingiusto, come difatti avvenne.

Il senso della giustizia per Socrate andava oltre le decisioni dei giudici; attraversava la coscienza e l'anima e si esplicitava attraverso una vita onesta e cocrente. Non poteva quindi tradire ciò che egli stesso aveva insegnato per tutta la vita ad una moltitudine di giovani ateniesi, tra i quali molti di essi avrebbero continuato a diffondere il pensiero socratico tramandandolo di scuola in scuola, di generazione in generazione, fino ai giorni nostri.

La condanna a bere la cicuta e quindi a morire fu vissuta da Socrate come un'ingiustizia esattamente come le folli accuse dei suoi accusatori ma, nonostante ciò, egli non si sottrasse alla condanna e all'esecuzione, pur avendone avuto possibilità.

---

[24] Il concetto che "mai va commessa ingiustizia, neanche in risposta ad un'ingiustizia altrui" è un caposaldo della dottrina socratica che ricorre spesso in numerosi dialoghi socratici tramandatici da Platone, tra i quali nel *"Critone"*, nella *"Repubblica"* e nel *"Gorgia"*. La massima morale assoluta imprescindibile per Socrate è "non commettere mai ingiustizia" da cui derivano i vari corollari.

Socrate fu il primo filosofo ad aprire il dibattito etico nel diritto e all'interno degli ordinamenti giuridici. Fu uno dei primi, sicuramente il più celebre, ad aver subìto un processo ingiusto, sia per limiti tecnici dell'ordinamento ateniese dell'epoca, sia (soprattutto) per limiti etici.

A dargli man forte nella discussione intorno alla giustizia poco dopo negli anni arrivò Aristotele[25], il quale esprimeva il concetto che è giusto rispettare le leggi ma occorre indagare quanto siano giuste le leggi e quanto siano giusti gli uomini che le hanno decise. Aristotele fu anche il primo a distinguere in modo netto il diritto normativo dal diritto naturale, ovvero dei princìpi preesistenti alle leggi stesse.

"Del giusto in senso politico, poi, ci sono due specie, quella naturale e quella legale: è naturale il giusto che ha dovunque la stessa validità, e non dipende dal fatto che venga o non venga riconosciuto; legale, invece, è quello che originariamente è affatto indifferente che sia in un modo piuttosto che in un altro, ma che non è indifferente una volta che sia stato stabilito" (Etica Nicomachea).

Il grande merito di Aristotele è certamente quello di aver esplicitato la parola "etica" e di averne analizzato l'applicazione nei vari campi sociali. Il filosofo greco fu anche il primo a introdurre il concetto di "equità" definita come *"un correttivo della legge, laddove è difettosa a causa della sua universalità"*. Le leggi hanno un carattere universale e sono giuste ma l'equo è un tipo di giusto più giusto delle leggi in quanto interviene laddove la legge non è in grado di esaminare un caso particolare rischiando di essere applicata ad esso producendo effetti ingiusti. Per certi aspetti Aristotele introduce un primo elemento di *"buon senso"* correttivo del rischio di produrre ingiustizia pur applicando norme valide nell'ordinamento.

Ma il dibattito etico su cosa sia la giustizia *"giusta"* è tutt'oggi al centro di un'intensa e a tratti aspra discussione filosofica, e non solo,

---

[25] Aristotele dedica alla giustizia il Libro V dell'"*Etica Nicomachea*", prima opera in campo etico alla quale seguirono l'"*Etica Eudemia*" e i "*Magna Moralia*", più comunemente conosciuti come "*La Grande Etica*".

tant'è che il binomio diritto e morale è divenuto imprescindibile nell'analisi giuridica[26].

La storia di Socrate apre le porte a molteplici riflessioni sul senso della giustizia. Ognuno di noi ha un senso di giustizia e ogni persona giusta può concordare sul fatto che non vanno commesse ingiustizie e che sia meglio difendersi per un'ingiustizia subìta che per un'ingiustizia commessa. Ma il senso di giustizia e il rispetto per le istituzioni giudiziarie non può correre il rischio di essere indebolito da un'eventuale difficoltà della macchina giudiziaria a produrre giustizia, ovvero decisioni giuste siano esse sentenze o altri tipi di provvedimenti (es. cautelari, rinvio a giudizio, etc.).

Il senso di giustizia si accompagna così alla domanda di giustizia. In ogni ordinamento democratico la fiducia verso le leggi e le istituzioni è proporzionale alla capacità che l'ordinamento giuridico assume di restituire risposte giuste a tale domanda di giustizia.

Per questo oggi, quando si parla di giusto processo[27], più che far riferimento ad elementi formali nello svolgimento del processo occorrerebbe pensare ad un *"senso del giusto"*[28] che accompagni l'amministrazione della macchina giudiziaria in ogni fase del procedimento.

Sto parlando di un criterio etico assumibile dai princìpi generali del diritto: ciò che è giusto non è per forza ciò che recitano le norme. L'unico criterio etico capace di derogare una norma in funzione di

---

[26] Per Herbert Hart (1907-1992) la giustizia non è che un aspetto della moralità (*"Il concetto di diritto"*, 1961). Il termine etica non è da confondere con il termine morale, essendo quest'ultimo un ideale di comportamento dettato dall'etica in quanto elemento razionale che permette di individuare il comportamento giusto, buono, lecito. L'etica assume quindi una rilevanza universale.

[27] Espressione con la quale si indica l'insieme delle forme processuali necessarie per garantire, a ciascun titolare di diritti soggettivi o di interessi legittimi lesi o inattuali, la facoltà di agire e di difendersi in giudizio (cit. Enciclopedia Treccani).

[28] Autorevole dottrina definisce il giusto processo come "Concetto ideale di Giustizia, che preesiste rispetto alla legge ed è direttamente collegato ai diritti inviolabili di tutte le persone coinvolte nel processo". (P. TONINI, Manuale di procedura penale, Milano, 2005, 40).

un bene maggiore è il buon senso, concetto con cui abbracciamo un senso del giusto molto più ampio del concetto di equità[29] primariamente espresso da Aristotele.

Ma il buon senso ci deve accompagnare anche fuori dal contesto meramente processuale e deve pervadere tutto l'iter giudiziario, dall'apertura delle indagini fino alla sentenza in ultimo grado e, se necessario, anche oltre (e vedremo in che modo).

Non è sufficiente, come detto, limitare la visione di un giusto processo solo ad aspetti formali, per quanto fondamentali. Essi sono la terzietà ed imparzialità del giudice; il rispetto della parità tra accusa e difesa; lo svolgimento del processo nel contraddittorio tra le parti; la ragionevole durata del processo che deve essere assicurata dalla legge; la garanzia di una veloce informazione all'imputato della pendenza del processo a suo carico; la possibilità di interrogare o far interrogare le persone che lo accusano o che lo possono discolpare; la garanzia del contraddittorio anche nella formazione della prova, con conseguente impossibilità di condannare un imputato in base ad accuse formulate da un soggetto che per libera scelta si è sottratto all'interrogatorio; l'ausilio di un interprete per lo straniero.

Il rispetto di tutte le garanzie a favore dell'imputato non implica automaticamente la soddisfazione della domanda di giustizia che nel processo penale è soprattutto pubblica, quindi soggetta al rischio di influenza mediatica e dell'opinione pubblica, mentre nel processo civile è privata.

Quante volte ci siamo trovati di fronte a sentenze sbagliate, nel metodo con cui sono state formulate o addirittura nel merito oppure a sentenze che, pur trovando conforto nelle norme, vengono percepite comunque come ingiuste dalle parti e/o dall'opinione pubblica? È quindi evidente che la definizione di giustizia che stiamo ricercando non è solo quella che rispetta le regole del

---

[29] Ciò che produce l'aporia è il fatto che l'equo è sì giusto, ma non è il giusto secondo la legge, bensì un correttivo del giusto legale. (*Etica Nicomachea*, Libro V).

formalismo giuridico quanto piuttosto quella che trova soddisfazione nel più elevato buon senso, ovvero la capacità di arrivare a decisioni giuste senza alcun dubbio, le quali creano effetti giusti per tutti e non recano danno ingiusto ad alcuno.

Premesso che sbagliare è umano ciò non può costituire un alibi, soprattutto quando sul piatto c'è la domanda di giustizia di persone vittime di reati così come la domanda di giustizia di imputati intenti a dimostrare la propria innocenza. Per questo la macchina giudiziaria deve essere in grado di partorire le decisioni giuste, in un tempo ragionevole e preservando la dignità di ogni individuo in corso di giudizio.

La domanda di giustizia e il diritto ad avere un processo giusto non è solo una questione riguardante la sfera penale ma è traslabile sul piano civile. E anche qui ci accorgiamo come le questioni sul funzionamento della macchina giudiziaria non siano molto diverse oggi dal passato. Isocrate raccontava, ad esempio, come l'inaffidabilità del giudizio spingesse molti cittadini a scegliere la via della risoluzione stragiudiziale delle controversie. Già nell'antica Grecia, quindi, si sviluppò un sistema transattivo di risoluzione privata delle liti per evitare i rischi di un sistema giudiziario giudicato inefficiente e iniquo. Tali sistemi, oggi conosciuti come ADR, stanno conoscendo nuova luce, in particolar modo la mediazione, seppur in un percorso pieno di ostacoli. Non è in discussione, chiaramente, la validità di tali strumenti che premiano la volontà delle parti e innovano in senso consensuale una cultura giuridica da troppo tempo bloccata sulla logica dello scontro ma, piuttosto, il motivo principale per cui si ricorre a tali strumenti oggi come nell'antichità ovvero l'inefficienza del sistema giudiziario e l'insoddisfazione della domanda di giustizia. È importante che gli strumenti alternativi di risoluzione delle controversie funzionino e vengano scelti dai cittadini per la loro utilità, per questo è importante che la scelta sia libera tra sistemi efficienti e che la scelta verso un sistema non sia influenzata dalla mancanza di affidabilità prodotta dall'altro sistema. Una giustizia giusta, quindi, funziona se funzionano bene tutti i suoi istituti, siano essi giudiziali o stragiudiziali. È il livello di cultura giuridica di una società che accompagna gli uomini alla ricerca del giusto e dell'utile senza bloccare per forza le parti in una logica di contrapposizione.

L'excursus sui sistemi ADR in campo civile ci permette di tornare ad analizzare la sfera penale con un approccio ancor più scrupoloso riguardo al concetto di giustizia e di giusto processo. Partiamo dal concetto di pena. Mentre nel processo a Socrate l'accusa indica il capo di imputazione e chiede il tipo di pena, nel caso del filosofo la pena di morte, senza alcuna valutazione circa la proporzionalità di essa all'eventuale portata del reato, è nel diritto romano che si inizia a consolidare una cultura giudiziaria che apre le porte al complesso di princìpi conosciuti come giusto processo, nonostante l'origine del giusto processo venga attribuito all'esperienza anglo-americana.

In realtà, come detto, nel periodo della *libera res publica* è già presente un chiaro concetto di giusto processo basato sulla distinzione tra *"diritto al processo"* e *"diritto al processo equo"*.

Il primo si traduce nel cosiddetto *"nulla poena sine iudicio"* ovvero non può essere inflitta alcuna pena ad un essere umano senza che vi sia stato un giudizio prodotto attraverso un procedimento disciplinato dall'ordinamento.

Il secondo, *aequum iudicium*, implica buona parte di quelle caratteristiche che entreranno a far parte dell'art.6 della CEDU, adottata il 4 novembre del 1950 ovvero: presunzione di innocenza dell'imputato, *aequa condicio* fra accusato e accusatore, ragionevole durata del processo, indipendenza e imparzialità del giudice.

L'equo giudizio non ammette influenze esterne. I giudici devono sapersi guardare dalle pressioni dell'opinione pubblica in quanto essa basa le proprie opinioni spesso su pregiudizi e consuetudini che nulla hanno a che fare con le necessità di un giudizio giusto.

L'opinione altrui è un concetto che preoccupa molto sia i greci che i romani nella costruzione di meccanismi giudiziari imparziali, terzi, equi e incorruttibili. Ma ancora oggi è un problema noto, basti pensare ai cosiddetti "processi mediatici" su cui torneremo a breve.

Esemplare a questo proposito fu Cicerone nell'appassionata difesa di Cluenzio, riportata nel *"Pro Cluentio"*: *"Nihil innocenti sucepta invidia tam optandum, quam aequum iudicium"* ovvero *"Nulla è più desiderabile, per un innocente vittima di ostilità, quanto un equo giudizio"*.

All'equo giudizio si affianca col tempo anche la prima forma di garantismo attraverso l'introduzione del secondo grado di giudizio, l'appello. Il ricorso in appello trova il suo sviluppo in epoca imperiale sotto Augusto per assoggettare il controllo della giustizia all'istituzione imperiale ma è innegabile che il secondo grado di giustizia divenne lo strumento ordinario per tentare di *"neutralizzare l'imperizia e l'iniquità degli organi giudicanti*[30]*"*.

L'introduzione del secondo grado di giudizio, sebbene controllato dal *princeps* e quindi lontano dalla separazione e indipendenza dei poteri come lo intendiamo oggi nel nostro ordinamento, avalla il dibattito sull'equo e giusto giudizio e viene visto come una garanzia in più per l'imputato. Così Ulpiano si esprime nel *"De Officio Preconsulis"*: *"meglio lasciare impunito il delitto di un colpevole che condannare un innocente*[31]*"*.

Anche in epoca imperiale, infatti, non era insolito assistere, a errori giudiziari gravi causati da sentenze di condanna emesse con superficialità, fuorviate da insufficienti indizi o, peggio ancora, da semplici sospetti. Da qui lo svilupparsi di una maggior consapevolezza giuridica rivolta al garantismo.

Garanzie per l'imputato e correttezza degli organi giudicanti sono quindi caratteristiche fondamentali per arrivare ad un giudizio equo e

---

[30] P. CERAMI, G. DI CHIARA, M. MICELI, *"Aequum Iudicium e giusto processo. Profili processualistici dell'esperienza giuridica europea. Dall'esperienza romana all'esperienza moderna"*.

[31] L'espressione riportata da Ulpiano sarebbe da attribuire all'imperatore Traiano, acceso difensore del garantismo.

giusto. Per fare questo i protagonisti della macchina giudiziaria, avvocati, magistrati e giudici, devono rispondere alla deontologia, un aspetto fondamentale dell'etica professionale la quale rappresenta, invece, il buon senso che dovrebbe ispirare l'azione di qualsiasi professionista i cui comportamenti e decisioni vadano ad incidere sulla dignità e libertà di altri individui.

I professionisti di una giustizia giusta che lavorino per la sua totale affermazione dovrebbero operare secondo criteri di obiettività. Anche chi è investito di un ruolo di parte, deve perseguire l'interesse particolare secondo ciò che è giusto in assoluto e non secondo utilità personale.

È comunque il giudice ad incarnare la figura del terzo, imparziale, neutrale, indipendente e competente, ovvero la garanzia finale della sentenza giusta.

I concetti di terzietà, imparzialità e neutralità sono strettamente correlati all'*aequum* e quindi anche all'etica e alla morale. Il filosofo scozzese Adam Smith invitava gli uomini a esercitarsi nel vedere e giudicare le cose con gli occhi e la mente di un ipotetico *spettatore imparziale*[32]. Ogni giudizio e l'azione che ne consegue vengono così depurati dalla eventuale presenza di pregiudizi, interessi personali e utilitaristici, persuasione e contaminazione da pressioni esterne. Smith invitava gli uomini a porsi in modo simpatetico verso gli altri ovvero a vestire i panni degli altri per cercare di comprendere il meglio possibile il comportamento altrui.

L'imparzialità e l'indipendenza permettono al giudice di valutare correttamente le prove e formare la decisione attraverso la quale, se di colpevolezza, dovrà commisurare la giusta pena. Il concetto di pena è estremamente importante in un giusto processo.

---

[32] In "*Teoria dei sentimenti morali*" (1759) Adam Smith (1723-1790) spiega che tale giudizio riguarda non solo le azioni degli altri, ma anche le proprie. Ciascuno di noi ha infatti uno "spettatore imparziale " dentro di sé, che gli consente di valutare le proprie azioni con gli occhi degli altri, in base sì alla propria utilità ma soprattutto alla loro accettabilità e giustizia dal punto di vista sociale.

La pena deve essere proporzionata al reato commesso e può essere di tipo sanzionatorio o detentivo. Essa deve essere rieducativa ovvero mirare al reinserimento del reo nella società. Inoltre deve essere la minore possibile, oltre che la più giusta e veloce (emessa in tempi ragionevoli). La detenzione deve essere usata il meno possibile come misura cautelare prima del processo e della sentenza. Scriveva a questo proposito Cesare Beccaria (1738-1794) nel *"Dei delitti e delle pene"*: *"Quanto la pena sarà più pronta e più vicina al delitto commesso ella sarà tanto più giusta tanto più utile... Il carcere è la semplice custodia di un cittadino finché sia giudicato reo, e questa custodia essendo essenzialmente penosa, deve durare il minor tempo possibile e deve essere meno dura che si possa"*.

La restrizione della libertà personale in attesa di giudizio è giustificata solo dal pericolo di fuga e dal concreto rischio di inquinamento delle prove.

Secondo Beccaria, infine, la pena deve essere commisurata alla *natura del misfatto* ed è in questa logica che si pone il miglioramento della classificazione dei reati in un'ottica di depenalizzazione come vedremo più avanti. Il criterio per misurare la giustezza della pena è il danno. Beccaria esclude quindi l'opportunità di valutare anche le intenzioni del reo: *"Alcune volte gli uomini fanno maggior danno alla società con le migliori intenzioni e altre volte ne fanno il maggior bene pur animati da una cattiva intenzione"*. Beccaria rivolge quindi alla ricerca di criteri di certezza e giustizia la sua riflessione, escludendo parametri che possano creare imprecisione, incertezza, superficialità. Egli si schiera in modo netto contro la pena di morte e contro la tortura.

La riflessione sulle intenzioni è, come vedremo anche più avanti, assai complessa e, in parte, apre la questione sulla volontarietà. Nell'Ippia Minore[33], Socrate dialogava con il sofista Ippia il quale si

---

[33] Si veda PLATONE, *"Ippia Minore. Sul Falso"*, a cura di G. REALE, Bompiani 2015. Riflessioni riguardanti i concetti di verità, menzogna, volontà e giustizia sono presenti anche nel *"Repubblica"* e nel *"Teeteto"*.

vantava delle sue mirabili capacità in svariati campi della tecnica. L'argomento del dibattito verteva sul binomio verità/falsità e dallo scontro dialettico fra i due viene abbozzato un profilo del mentitore. Socrate ad un certo punto afferma che *"Anche le leggi sono molto più severe con quelli che commettono volontariamente il male e mentono, che con quelli che lo fanno involontariamente"*. Già nell'antica Grecia troviamo quindi un riferimento a quelle fattispecie che nel nostro ordinamento corrispondono ai delitti colposi, ovvero privi del carattere volontario di commettere danno.

I recenti provvedimenti in materia di tenuità del fatto e depenalizzazioni in qualche modo implicano una valutazione sulla condotta del reo ante reato. In questa ottica è possibile implicitamente indicare nella occasionalità del reato avvenuta in circostanze particolari una sorta di identificazione e valutazione dell'intenzione.

Il giudice quindi è colui che deve essere in grado di decidere il giusto e in questa delicata attività il criterio principe è ancora una volta il buon senso che allontana la fallacità del giudizio, come ricorda ancora una volta Beccaria: *"Se nel cercare le prove di un delitto occorrono abilità e destrezza, se nel presentarne il risultato occorrono chiarezza e precisione, per giudicare non occorre che un semplice e ordinario buon senso che è meno fallace dell'assuefazione di un giudice a voler trovare colpevoli che tutto riduce a un sistema fattizio imprestato ai suoi studi"*.

Le nazioni più felici sono quelle dove le leggi non sono una scienza. La legge fondamentale è quella che ogni uomo venga giudicato dai suoi pari e che, trattando della libertà e della dignità di un cittadino, metta al bando qualsiasi sentimento di disuguaglianza.

La limitazione della libertà di un individuo non può giustificarsi se non come un atto strettamente necessario nel quadro di un ordinamento che vede la pena come un deterrente per la commissione di altri delitti. Aggiungo che oggi anche tale visione possa essere in parte superata a favore del principio della rieducazione del reo e del suo possibile reinserimento sociale, favorendo lo sviluppo della *"giustizia riparativa[34]"*, ovvero la possibilità di accordo tra reo e vittima per superare in una prospettiva socio-psicologica il danno provocato dall'azione del reo[35]. L'incontro concordato e maturato tra vittima e reo presuppone il perdono ma è molto di più. È soprattutto un cambio di paradigma culturale e giuridico di notevole importanza che vede non più nella sanzione la soddisfazione delle vittime ma nel ripristino di una condizione sociale ideale che permetta a tutti, vittime e rei, di superare il dolore derivante dal danno e dalla conflittualità applicando una forma di collaborazione *pro-sociale*, condivisa e responsabile. Direbbero Socrate, Platone e Aristotele che questa è virtù e ricerca del bene comune.

Gli esperimenti di giustizia riparativa in Italia hanno riguardato finora principalmente i Tribunali dei Minori dove l'attenzione alla rieducazione e reinserimento sociale di persone giovanissime assume un'attenzione necessariamente particolare al fine di evitare il più possibile la dispersione di minori che spesse volte sono rei e vittime allo stesso tempo a causa di situazioni di disagio sociale al di sopra delle loro stesse capacità cognitive e in cui si trovano a vivere e a formare la propria crescita personale[36].

---

[34] La giustizia riparativa è spesso identificata nella "mediazione penale". Particolarmente rilevanti su questo tema sono gli studi e le esperienze condotte da GRAZIA MANNOZZI, riportate nei volumi *"La giustizia senza spada"*, Giuffrè, 2003 e *"Giustizia Riparativa"*, Il Mulino, 2015. Per una recentissima rilettura filosofica del dibattito contemporaneo sulla Restorative Justice si consiglia C. SARRA, F. REGGIO (a cura di), *Diritto, Metodologia Giuridica e Composizione del Conflitto*, Primiceri Editore, Padova 2020.

[35] Secondo la normativa internazionale (Basic Principles ONU) la giustizia riparativa viene definita come "ogni procedimento in cui la vittima e il reo, nonché altri eventuali soggetti o comunità lesi da un reato, partecipano attivamente insieme alla risoluzione delle questioni emerse dall'illecito, generalmente con l'aiuto di un facilitatore".

[36] Tra gli esempi di maggior successo legati allo sviluppo del modello riparativo si veda: "Palermo e la giustizia riparativa: un buon esempio da seguire", pubblicato su L'Altra Pagina,

L'evoluzione della prospettiva riparativa ha raggiunto un livello di dibattito notevolmente ambizioso per i giorni nostri con autorevoli esperti che propongono la parziale abolizione del carcere. Secondo i detrattori della pena detentiva essa dovrebbe essere comminata esclusivamente nei casi più gravi previsti dalla legge mentre tutti gli altri reati andrebbero sanzionati o gestiti attraverso forme di recupero sociale diverse dal carcere[37]. La questione è peraltro dibattuta anche sotto un altro aspetto quale il sovraffollamento delle carceri e la salvaguardia della dignità umana dei detenuti, situazione per cui il nostro Paese ha già ricevuto numerosi richiami a livello europeo[38].

Le nuove frontiere della giustizia riparativa ci aiutano a capire meglio come il processo giudiziario è un passaggio che, seppur necessariamente dotato di garanzie che lo rendano più giusto possibile, non può prescindere da una visione socio-giuridica più ampia e complessa in cui da solo risulta spesso insufficiente a restituire risposte adeguate alla domanda di giustizia. Anche il sistema giustizia deve essere quindi inquadrato in quella *"fabbrica della felicità"* tanto cara ai cosiddetti utilitaristi inglesi Jeremy Bentham (1748-1832) e John Stuart Mill (1806-1873). Una giustizia giusta che funziona non può che restituire benessere ai cittadini di una nazione.

---

http://www.laltrapagina.it/mag/palermo-e-la-giustizia-riparativa-un-buon-esempio-da-seguire/. Si veda, inoltre, il volume: G. FIANDACA, C. VISCONTI, *"Punire Mediare Riconciliare"*, Giappichelli Editore, 2009.

[37] Si legga L. MANCONI, A. ANASTASIA, V. CALDERONE, F. RESTA, *"Abolire il carcere"*, Chiarelettere 2015 e, inoltre, G. COLOMBO, *"Il perdono responsabile. Perchè il carcere non serve a nulla"*, Ponte alle Grazie 2013.

[38] Secondo il *XII Rapporto di Antigone* sulle condizioni di detenzione l'Italia ha circa 90 detenuti ogni 100 mila abitanti. I detenuti in attesa di sentenza definitiva sono il 34,6% del totale (la media europea è del 20,4%). I detenuti stranieri sono il 33,45% della popolazione detenuta. La media europea è del 21% circa. Sono in percentuale ben più alta rispetto agli italiani in custodia cautelare. Cresce l'istituto della messa alla prova. I dati dicono che le misure alternative alla detenzione e il braccialetto elettronico portano la recidiva a tassi prossimi allo zero.

Ai concetti di bene comune, virtù ed equità incontrati precedentemente nella filosofia antica, gli utilitaristi inglesi hanno avuto il grande merito di aggiungere due ingredienti alla formazione di una società giusta dotata di istituzioni giuste: la felicità e la libertà.

Bentham si è occupato molto di giustizia e di politica. Egli associava l'utile al piacere e misurava intenzioni, azioni ed effetti in termini di piacere e dolore. Occorre fare ciò che è utile per la propria felicità e per la felicità degli altri. I governi dovrebbero occuparsi di fare leggi che consentano *la felicità per il maggior numero di persone*[39]. Il filosofo inglese si batteva per le libertà individuali giocando un ruolo importante nella depenalizzazione dei reati. Egli specifica maggiormente la distinzione tra il relativismo morale e ciò che le leggi dovrebbero perseguire come reati meritevoli di sanzione[40].

Ciò che è moralmente condannabile va giuridicamente represso solo quando costituisca una possibile minaccia di danno per gli altri. La regola fondamentale per Bentham è quindi quella di non procurare danno agli altri. In assenza di questo pericolo nessuna opinione o comportamento può essere punibile.

In quest'ottica va inquadrato lo scetticismo del filosofo inglese circa la valutazione dei moventi, ovvero le intenzioni che spingono un uomo all'azione. La forza del diritto, per Bentham, è applicabile in base agli effetti di un'azione: *"un'azione è buona o cattiva in base ai suoi effetti e a quanto essi sono in grado di accrescere o ridurre la felicità umana collettiva"*. Il filosofo assegnava ai moventi una sorta

---

[39] Lo stesso principio è riscontrabile in Beccaria. L'opera più celebre di Jeremy Bentham in cui espone le sue teorie circa la felicità è l'*"Introduzione ai princìpi della morale e della legislazione"* del 1789, tradotta in italiano da O. MARCACCI, Primiceri Editore, Padova 2020.

[40] Celebre, ad esempio, la sua posizione a favore della depenalizzazione dell'omosessualità. Si veda a tale proposito il volume G. PELLEGRINO, *"Libertà di gusto e di opinione"*, Dedalo Edizioni 2007.

di "*neutralità morale[41]*" non perché essi non siano degni di indagine ma perché una valutazione sui moventi corre il rischio di portarsi dietro pregiudizi e convinzioni moralistiche che impediscono un neutro giudizio. Bentham era per certi aspetti, un anti moralista pur avendo uno spiccato senso etico. Il giudizio su un'azione si completa con la sanzione che per Bentham deriva da diritto e morale. Essa però non è detto che sia sempre necessaria.

Se per Kelsen, padre del normativismo, la sanzione è un elemento essenziale della legge, Hart nel realismo giuridico mitiga tale posizione ponendo una distinzione fra norme. Egli distingue tra norme primarie e norme secondarie. Le prime sono di tipo prescrittivo e riguardano i comportamenti da tenere mentre le seconde hanno la funzione di accertare, modificare, applicare giudizialmente le norme primarie attraverso un'attribuzione di poteri. Il criterio che determina la validità delle norme di un ordinamento giuridico è definito da Hart come *norma di riconoscimento* la quale per la funzione che assume non è né valida né invalida. La norma di riconoscimento permette di stabilire ciò che è diritto da ciò che non lo è e quindi non necessariamente implica l'applicazione di una sanzione.

Nella teoria del *buonsenso*[42], pur accogliendo parte della dottrina utilitarista di ispirazione "benthamiana" sulla valutazione degli effetti di un'azione, considero non trascurabile il ruolo dell'intenzione nel processo di elaborazione mentale che porta un individuo ad un determinato comportamento e azione. La visione più consequenzialista nel rapporto intenzione-azione-effetto, vicina a *Tommaso D'Aquino*, apre il dibattito sull'elemento morale quale passaggio di comprensione di una determinata azione nel caso in cui da essa non scaturiscano effetti giusti o totalmente giusti.

---

[41] Si veda G. PELLEGRINO, "*La Fabbrica della Felicità. Liberalismo, etica e psicologia in Jeremy Bentham*", Liguori Editore 2010.

[42] Si veda S. PRIMICERI, "*Etica e Giustizia del Buonsenso*", Primiceri Editore 2021, p.117.

L'applicabilità della sanzione viene valutata in base ad un insieme di circostanze e di possibili *"attenuanti"* da un punto di vista sociale come, ad esempio, il giudizio sul cosiddetto *"male minore"*, il caso in cui un soggetto si trova costretto ad agire compiendo un'azione che in ogni caso produrrà anche un effetto negativo oltre a quelli positivi.

Purtroppo non è questa la sede per addentrarci oltre nel campo della filosofia e della teoria generale del diritto che meriterebbe ben altra e ampia trattazione. Ho scelto comunque di accennare ad alcuni concetti e teorie, seppur in modo necessariamente semplicistico, per permetterci di tracciare il perimetro in cui si muove la riflessione sulla giustizia oggi come ieri. L'obiettivo è una giustizia giusta che risponda alla domanda del cittadino con una valutazione corretta dei fatti e con l'applicazione della sanzione giusta e proporzionata, in tempi rapidi o con l'assoluzione. Secondo la nostra teoria un diritto giusto prevede quindi la giustizia dell'azione di avvio di un'indagine e non solo quella riguardante la fase processuale e giudicante.

L'azione della giustizia verso un cittadino deve avere giustificazione e fondamento. Mi piace ricordare a questo proposito le parole di Giovanni Fasanella e Giovanni Pellegrino[43]: *"... l'ufficio del PM nell'avviare un'indagine, soprattutto se è un'azione penale, dovrebbe essere tenuto per dovere deontologico a interrogarsi sull'utilità sociale della sua iniziativa, anche in funzione dei costi che la stessa determinerà per i contribuenti e, ancor prima, sulle probabilità di giungere a un esito definitivo di condanna. Oggi, invece, l'esercizio dell'azione di fatto è concepito come una punizione da infliggere all'accusato sulla base di un giudizio soggettivo di disvalore"*.

Anche qui diritto e morale sembrano avere punti di incontro. Gli autori citati si riferiscono al caso, presente a loro dire nella macchina giudiziaria italiana, in cui si decide di giudicare come non morale un

---

[43] G. FASANELLA, G. PELLEGRINO, *"Il Morbo Giustizialista"*, Marsilio 2010.

determinato comportamento che, percepito quindi come disvalore, viene punito attraverso l'apertura di un'indagine a carico del soggetto che ha tenuto tale comportamento. L'azione decisa sulla percezione di un disvalore, che in sé non significa automaticamente aver violato una norma, apre la porta al rischio del cosiddetto *"giustizialismo"*. L'impatto mediatico della notizia riguardante l'azione penale e la "fuga di notizie" che ne determina una rappresentazione spesso incompleta e accusatoria è già di per sé sufficiente a far patire all'accusato una sorta di punizione preventiva senza che vi sia un sostanziale equilibrio di garanzie tra accusa e difesa e soprattutto in difetto di presunzione di innocenza.

Tale rischio è in parte il frutto delle pressioni sulla domanda di giustizia da parte dell'opinione pubblica la quale porta con sé i limiti del pregiudizio e del moralismo (come ben ricorda Bentham) ma è in parte anche la conseguenza della lentezza del sistema giudiziario ad arrivare a sentenze definitive in tempi ragionevoli. È come se la stessa giustizia, consapevole dei propri limiti di soddisfare la domanda dell'opinione pubblica, anticipasse alla fase delle indagini il supplizio della sanzione o pena nei confronti di un individuo che ha però il solo status di indagato o accusato e non certamente di condannato.

La diffusione di una cultura garantista in Italia è quindi direttamente proporzionale alla capacità del sistema di rendersi efficiente e l'efficienza del sistema passa in primis dalla preparazione e etica professionale dei giudici, magistrati e avvocati e da tutti gli addetti ai lavori della giustizia. Sono inoltre necessarie la capacità di dare risposte certe in tempi certi, l'eccezionalità del ricorso a strumenti limitativi della libertà ante giudizio, l'attenzione alla dignità delle persone attraverso una ponderata valutazione dell'utilizzo di informazioni e conversazioni private e della loro eventuale diffusione mediatica, la scrupolosità nella formazione delle prove che devono essere certe senza dubbio. A tutto questo si pone come corpo centrale il giusto processo formale dove l'imputato riceve tutte le garanzie per poter provare la sua innocenza. La sentenza deve essere giusta senza che vi sia alcun ragionevole dubbio sulla colpevolezza o innocenza dell'accusato. Il giusto giudizio deve essere garantito dalla corretta valutazione delle prove e dalla terzietà, imparzialità, indipendenza e neutralità del giudice il quale deve saper distinguere il vero dal falso, come ricorda Socrate, soprattutto nelle testimonianze dei terzi. La ricerca della verità deve essere un processo neutro gestito con buon senso che restituisca e distribuisca giustizia. Anche la giustizia è un bene da distribuire equamente perché tutti ne abbiamo bisogno allo stesso modo e tutti ne abbiamo diritto. John Rawls (1921-2002) nella sua celebre *"teoria sulla giustizia"* parlava di distribuzione attraverso un criterio di equità. Sostanzialmente chi si trova nella posizione di analizzare, valutare e decidere dovrebbe essere guidato da un *"velo di ignoranza"* inteso come la capacità di non farsi influenzare dalla conoscenza circa la posizione sociale di specifici individui. Solo così la distribuzione del giusto sarà altrettanto giusta. L'obiettivo è quello di rendere davvero uguali tutti di fronte alla legge. L'uguaglianza, come ricordava spesso Aristotele è il primo dogma di una giustizia giusta. Ragionevolezza, equità e buon senso sono principi generali preesistenti al diritto stesso e, in quanto tali, imprescindibili fari nella ricerca della verità e nell'amministrazione della giustizia.

BIBLIOGRAFIA

Francesco Allegri, *Le ragioni del pluralismo morale. William David Ross e le teorie dei doveri «prima facie»*, Carocci 2006.

Max Alsberg, *Il processo a Socrate*, Book Time 2015.

Elisabeth Anscombe, *Intenzione*, Edusc 2004.

Aristotele, *Etica Nicomachea*, Laterza 2005.

Aristotele, *Etica Eudemia*, Rizzoli 2012.

Aristotele, *La grande etica*, Mimesis 2014.

Cesare Beccaria, *Dei delitti e delle pene*, Mondadori 2014.

Cesare Beccaria, *Dei delitti e delle pene*, Feltrinelli 2015.

Jeremy Bentham, *Libertà di gusto e di opinione*, a cura di Gianfranco Pellegrino, Dedalo 2007.

Jeremy Bentham, *Introduction to the principles of morals and legislation*, Utet 1998.

Paul Bloom, *Buoni si nasce*, Codice Edizioni 2014.

Cicerone, *Dei Doveri*, Mondadori 1994.

Tommaso d'Aquino, *La Somma Teologica vol.2*, Edizioni Studio Domenicano 1996.

Antonio Da Re, *Le parole dell'etica*, Bruno Mondadori 2010.

Massimo De Caro, Massimo Marraffa, *Mente e Morale. Una piccola introduzione*, Luiss University Press 2016.

De Luise – Farinetti, *I filosofi parlano di felicità, I. Le radici del discorso*, Einaudi 2014.

De Luise – Farinetti, *I filosofi parlano di felicità, II. Tra i moderni*, Einaudi 2014.

Corrado Del Bò, *La neutralità necessaria*, ETS 2013.

Piergiorgio Donatelli, *Etica*, Einaudi 2015.

Piergiorgio Donatelli, *La filosofia morale*, Laterza 2001.

David Edmonds, *Uccideresti l'uomo grasso?*, Raffaello Cortina Editore 2014.

G. Fasanella, G. Pellegrino, "*Il Morbo Giustizialista*", Marsilio 2010.

G. Fiandaca, C. Visconti, *Punire, mediare, riconciliare. Dalla giustizia penale internazionale all'elaborazione dei conflitti individuali*, Giappichelli 2009.

Luca Fonnesu, *Storia dell'etica contemporanea*, Carocci 2015.

Philippa Foot, *La natura del bene*, Il Mulino 2007.

Philippa Foot, *Moral dilemmas*, Clarendon Oxford 2002.

Aulo Gellio, *Le notti attiche*, Utet 2017.

Herbert L. A. Hart, M. A. Cattaneo, *Il concetto di diritto*, Einaudi 2002.

Immanuel Kant, *Il male radicale*, Garzanti 2015.

Immanuel Kant, *Critica della ragion pratica*, Laterza 1997.

Hans Kelsen, *Che cos'è la giustizia? Lezioni americane*, Quodlibet 2015.

Hans Kelsen, *Lineamenti di dottrina pura del diritto*, Einaudi 2000.

Sergio Landucci, *La critica della ragion pratica di Kant*, Carocci 2013.

Eugenio Lecaldano, *Prima lezione di filosofia morale*, Laterza 2010.

Giacomo Samek Ludovici, *La felicità del bene, una rilettura di Tommaso d'Aquino*, Vita e Pensiero 2002.

Sergio Filippo Magni, *Il relativismo etico*, Il Mulino 2010.

Grazia Mannozzi, Giovanni Angelo Lodigiani, *La giustizia riparativa. Formanti, parole e metodi*, Giappichelli 2017.

Grazia Mannozzi, Giovanni Angelo Lodigiani, *Giustizia riparativa. Ricostruire legami, ricostruire persone*, Il Mulino 2015.

C. Sarra, F. Reggio (a cura di), *Diritto, Metodologia Giuridica e Composizione del Conflitto*, Primiceri Editore, Padova 2020.

F, Reggio, *Giustizia Dialogica, Luci & ombre della Restorative Justice*, FrancoAngeli, Milano 2010.

John Stuart Mill, *Saggio sulla libertà*, Il Saggiatore 2014.

Tullio Padovani, Vincenzo Vitiello, *Non dire falsa testimonianza*, Il Mulino 2011.

Gianfranco Pellegrino, *La fabbrica della felicità. Liberalismo, etica e psicologia in Jeremy Bentham*, Liguori Editore 2010.

Platone, *Apologia di Socrate, Critone*, Rizzoli 2013.

Platone, *Gorgia*, Rizzoli 1994.

Platone, *La Repubblica*, Laterza 2007.

Platone, *Protagora*, Rizzoli 2010.

Platone, *Teeteto o Sulla scienza*, Feltrinelli 2005.

Adam Smith, *Teoria dei sentimenti morali*, Rizzoli 1995.

Roberto Radice, *Aristotele*, collana Filosofica, Corriere della Sera 2017.

John Rawls, *Una teoria sulla giustizia*, Feltrinelli 1982.

Mario Ricciardi, Andrea Rossetti, Vito Velluzzi (a cura di), *Filosofia del Diritto*, Carocci 2015.

Nicola Riva (a cura di), *Eguaglianza*, Laterza 2017.

Emanuela Rosina, *A proposito della Apologia di Socrate*, Primiceri Editore 2016.

Emanuela Rosina, *A proposito della Repubblica di Platone*, Primiceri Editore 2017.

Wlliam D. Ross, *Il giusto e il bene*, Bompiani 2004.

Jean Jacques Rousseau, *Emilio*, Laterza 2003.

Jean Jacques Rousseau, *Il contratto sociale*, Feltrinelli 2014.

Jean Jacques Rousseau, *Origini della disuguaglianza*, Feltrinelli 2013.

Bertrand Russell, *Storia della filosofia occidentale*, TEA 2014.

Michael Sandel, *Giustizia*, Feltrinelli, 2010.

Arthur Schopenhauer, *Metafisica dei costumi, Lezioni filosofiche*, SE 2008.

Senofonte, *Tutti gli scritti socratici*, Bompiani 2014.

Federico Stella, *La giustizia e le ingiustizie*, Il Mulino 2006.

Henry D. Thoreau, *La disobbedienza civile*, Rizzoli 2010.

Voltaire, *Trattato sulla tolleranza*, Giunti 2010.

SOMMARIO